坂上忠雄
Sakaue Tadao

# お遍路は心の歩禅

現代版お遍路のススメ

梓書院

第１番（霊山寺）　旅立ち

団体お遍路の納経風景　第 69 番（観音寺）

四国の風に吹かれ　足摺岬

土佐湾の日の出（土佐清水市）

御厨人窟《みくろど》（空海修行の霊跡）

畏友渡邊君の絵画（75 番：善通寺）

自然の菜の花（四万十川河川敷）

弘瀬金蔵の泥絵（香南市赤岡）

遊子水荷浦《ゆすみずがうら》の段畑《だんばた》（宇和島市三浦半島）

室戸青年大師像（室戸岬）

大洲城（大洲市）

高野山奥の院への参道

納経掛軸

# まえがき

お遍路に関する本は、専門的な内容から、一般の単なる旅日記的なものまで数えきれないほどあります。数冊しか読んでいませんが、私の要求が満たされているまとまった本がなかなか捜し求められず、結果として最初のお遍路は事前調査遍路といっても過言ではありませんでした。

例えば、現地で購入した笠はそのままは使用できません。雨の日に地図を広げれば濡れて使用できなくなります。

また、途中から同行した知人が、寺に着き納経所で「大師堂（たいしどう）はどちらですか」とたずねたら、いきなり「〝たいしどう〟はありません。〝おだいしどう〟ならあちらです。貴方の案内書に〝ふりがな〟を付けておきなさい」。と言われました。発音が悪かったたか、聞き取りが悪かったかは別にして、ご両人共に気まずかったことでしょう。

その他ちょっとした知識、裏技で快適なお遍路ができ、絶景も素通りせずに堪能できるのです。

四国の寺を点とすれば、お遍路はその点と点を歩いて結び、四国に一つのサークルを描くことです。点の部分に関する歴史的なこと、状況などについては多くの書籍があります。また霊場（札所）関係、名所旧跡については、現地の案内書あるいは立て看板でこと足ります。本書では、なるべく線の部分と脇道さらに歩き旅の裏側と裏技について重点的に記載しました。

目線が低く、趣味、嗜好が浅く広がっているので総花的な内容になっているかも知れません。また、素人の疑問をいろいろな人たちとの出会いで解いて行きますが、解答のないものも数多くあります。

空海のへき地修行から始まり、江戸時代に一般の人へと広がり、そして、現代の多目的な要素へと大きく変遷したお遍路は、「修行」だけを目的として歩く現代人は皆無に等しいと思います。失敗し、苦労し、悩み、痛みを感じながら、一つ一つ自分の力で解決して前に進むことが「修行」の原点に変わりはありません。しかし、いらないことに手間暇かけて、無用の苦労をしなくても、少しの知識と準備があれば、せめてどこに何があるかを知っているだけで、楽に楽しく快適で能率的なお遍路修行ができるのです。苦労することだけが修行ではなく、楽で楽しい現代版の「お遍路修行」もありと思います。

## 第二章　土佐の国―修行の道場……59

## 第四章　讃岐の国―涅槃の道場

# 第一章 阿波の国

## ―発心の道場

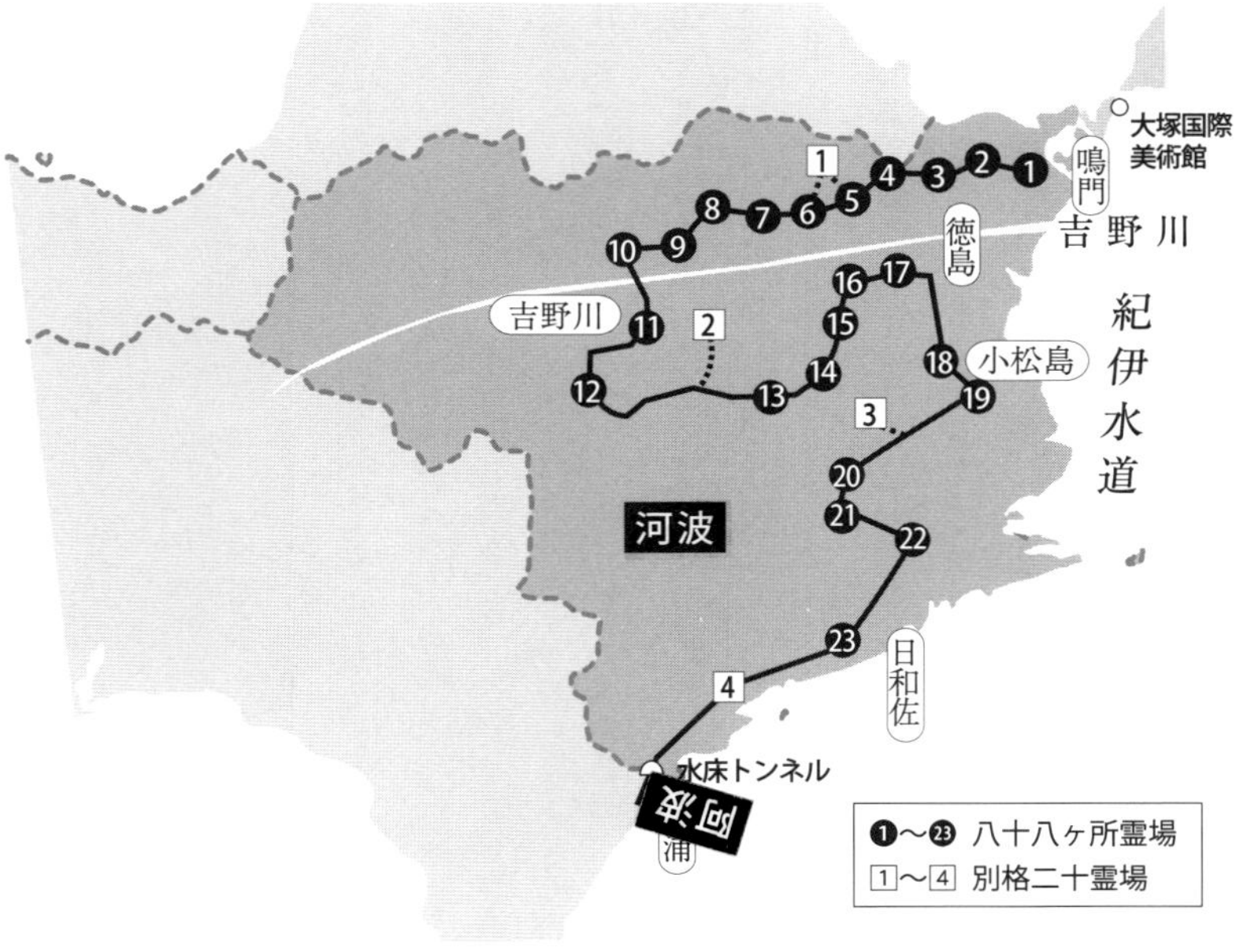

# お遍路1日目「旅立ち」

■1番（霊山寺《りょうぜんじ》）⇩宿泊：門前宿（旅館大鳥居苑）

初夢の枕元に弘法大師が現れて、「お主、昨年は四国88ヶ所霊場（札所）を完全歩きお遍路で、結願したそうだな。良く頑張った、誉めてつかわす。しかしどこの山門が、国宝でまた山門の無い寺もあったはずじゃ、覚えているか？ 最後は結願することが精一杯でそれどころではなかったろう。初回はそんなものじゃ。しかし、2回目になると余裕ができて、いろいろな物が見えて、絶景もゆっくり観賞できるぞ！ さらにわしの伝説のゆかりの地、四国別格20霊場を打つとさらに功徳が積めるぞ！」との、お告げがありました。

昨年（平成26年）、3回の区切り打ちで始めて結願したものの、どこか消化不良ですっきりしませんでした。そこで、体力、家族・身内の状況などを考えると今しか無いと思い、再び旅立つことにしました。

四国88ヶ所と別格20番および番外霊場（札所）めぐり、距離にして約１４００㎞、50数日間におよぶ修行と参拝のロングランの旅の始まりです。

１番（霊山寺）札所の境内は、昼過ぎにもかかわらず、本堂および大師堂は、ひっきりなしに参拝者が訪れています。販売店は初めての人が多く、店員さんからいろいろと説明を受けています。どこからスタートしても良いとはいえ、やはり区切りの良い１番からが最も多いようです。

私も準備していなかったローソクと線香を最小限購入し、さらに別格の御朱印帳（納経帳）を尋ねたら、

「ここは、別格は関係ないのでありません。別格１番（大山寺）にあります」

との返事でした（なるほど会社が別か……?）。旅の準備と心の準備を済ませて安全と結願を誓い、いただいた真新しい作法の冊子を広げて、お経・真言・十善戒・大師宝号などたどたどしく、人目を憚りながら小さい声で唱えました（他人の視線が気になるのは、修行の入門段階。その内に板についてくるでしょう）。

※以下、四国88ヶ所霊場（札所）については、○番（○○寺）および四国別格20霊場（札所）については別格○番（○○寺）と略記します。

※霊場は、僧侶が修行したところで、札所は、納札をあげて御朱印をいただくところです。一般的には同じ場所と考えてよいです。
※結願《けちがん》または、満願《まんがん》：88ヶ所霊場（札所＝寺）あるいは別格20霊場の参拝を終えること。
※打つ：紙が少ない昔は、木の札または銅板に名前や願いことを書き、本堂の柱や壁に打ち付けていたので、その名残で参拝することを打つといいます。
※区切り打ち：複数回で結願すること（通し打ち：1回で結願すること）。

## 最小限の必需品

遍路用品は、数箇所のお寺または専門店で販売しているので、手ぶらで行ってもすべて揃います。登山・マラソンその他いろいろなスポーツでもまず格好から入るというように、気を引き締めるためにも最小限必要なものがあります。

お遍路においては、白衣と菅笠《すげがさ》と金剛杖《こんごうつえ》の3点は最小限必要です。本人がお遍路の自覚を持つことが最も大事ですが、周囲のひとが見ても参拝姿の「お遍路さん」と気付いてくれなければ、ただの旅人あるいは浮浪者と勘違いされますし、お接待（待遇）が違います。浮浪者みたいな格好では、声も掛からないし逆に避けられることもあるでしょう。

菅笠のほとんどは現在菅《すげ》ではなく竹製品で、雨よけのビニールカバーが付いています。この笠ほどお遍路に適した帽子は他に無いと思います。雨具を頭から被らなくてよいので、蒸れなくて視界が良く、晴れの日は顔全体に影を作るので涼しいのです。しかし、市販の笠をそのまま着用しても頭と顔が痛くなり、強風では壊れてしまいます。

まず笠の上部に通常６ヶ所の筋（太めの竹ひご）がありますが、頭に被る輪に３ヵ所しか固定されていませんので、６カ所とも堅固に紐もしくは小さな針金で固定します。

さらに頭に被る輪の部分に包帯または布切れを巻くと頭が痛くなりません。しかし強風のときは紐をきつく締めるので、やはり頭との接触部分が痛くなりますので、頭に手ぬぐいを巻くと、痛みも和らぎ汗止めにもなり一石二鳥です。道中の仲間は、百円ショップで薄い毛糸の帽子を購入していましたが、山登りになると暑いのでベターではありません。

次にあご紐が細い真田紐しかついてないので、手芸店で直径５～６㎜の紐を17ページの写真のように取り付けます。さらにあごのところでそのつど結ぶのは面倒ですので、紐ホルダーを付けると着脱が非常に便利です。

さらに裏技ですが、紐は本来なら１ｍで足りるのですが、遍路道は結構大きな樹木の影が多いので、そのときは笠の紐を長くして笠を背中に回します。やはり笠を脱いで森林の涼しい風に吹かれてこそお遍路の気分が味わえます。もう二つ付け加えれば、笠は大小ありますが、大は小を兼ねますので大きいほうが何かと便利です。もう一つは、大きいリュック（35ℓ以上）になるとリュックの上部が高くなり笠が当るのでリュックの大きさと笠選びは注意が必要です。

白衣は通常、背中に「南無大師遍照金剛《なむだいしへんじょうこんごう》」と真言宗の大師宝号が印刷されていますが、浄土真宗であれば「南無阿弥陀仏」と印刷された白衣もあるので宗派については、販売店に相談されれば大丈夫です。白衣の背中に縁起が良いということで、スタートの1番（霊山寺）、鶴の印の20番（鶴林寺）、亀の印の39番（金剛福寺）、結願の88番（大窪寺）、そして高野山の御朱印をいただく人もいます。ただし御朱印をいただいた後、朱印が乾くまで半日ぐらいは着用できないので、その間荷物として持参するかリュックに掛けて歩かなければなりません。

金剛杖は、坂の上り下りの支えとして非常に役に立ち、また遍路道の藪払い、蛇、野犬、猿、猪などの撃退用にもなります。もともと杖はお遍路を導く「弘法大師」の化身ともいわれており、一緒に同行する大切なものなので、宿についたらまず杖の先を洗い、自分より先に休ませます。

私の場合は、持病の腰痛があるため、ノルディック・ポールを使用しました。1番（霊山寺）の大師堂でお賽銭を気持ちだけ弾んで、

「この2本のポールがないと体力的に結願できませんので、現代版の杖（ポール）の同行をお許しいただきたい」

とお願いして許しを得ました。

道中では、金剛杖とポール１本の併用者に数多く会いました。理由は、金剛杖だけでは山の上り下りが不釣合いになり歩きにくいということでした。平坦な道では、金剛杖にポールを結び付けて荷物になっていましたが、圧倒的に平坦地が多いので不要の荷物になります（軽量の伸縮式であればリュックに格納して、持ち歩けるので便利です）。

その他の用品として、ほとんどの人が巡礼の証、また記念として御朱印をいただいています。納経帳の大きさはいろいろありますが、頭陀袋《ずたぶくろ》に入るサイズをお薦めします。私は、納経帳と納経掛軸《かけじく》に、御朱印をいただきました。納経掛軸は簡易表装品で3万円弱します。また中央の真言が宗派により違いますので、こだわ

頭陀袋の背負い方

りのある人は購入時に販売店に相談すればいくつかの宗派のものがあります。御朱印については199ページで詳しく解説しています。輪袈裟《わげさ》、数珠（念珠）、判衣は、必要に応じてそのつど購入できます。納札《おさめふだ》は前もって購入し必要事項を記入しておくと参拝がスムーズにいきます。ちなみに、一つの寺で本堂と大師堂、お遍路仲間への名刺がわり、お接待などのお礼として必要で、私は300枚準備しましたが全部使い切りました。

線香・ローソク・ライター（マッチ）を販売している寺は多いので、荷物にならない程度に補充していけば少しでも荷物が軽減できます。

参考までに御朱印代は、一寺に付き納経帳300円、掛軸500円、白衣または判衣は200円です。なお般若心経・真言・十善戒・作法などの教本（冊子）は、簡易版をいただけるのでこと足ります。

※真田紐《さなだひも》：縦糸と横糸を使い機《はた》で織った、平たく狭い織り紐です。

※頭陀袋《ずたぶくろ》：別名、山谷袋《さんやぶくろ》ともいい、セカンドバッグのことです。

**●ポイント●**

・最低限必要なものは、「白衣、菅笠、金剛杖」の3点

・菅笠は市販のものを「改造」すべし
・腰痛持ち・山登りが苦手な人は、「ノルディック・ポール」を用いた、現代版お遍路もあり
・御朱印帳は、必要なら最初から準備する
・消耗品は、そのつど必要分だけ購入する
・納札は名刺がわりに、最小限の必要事項を記入しておく
・携帯品には、氏名と携帯電話番号を記入する（忘れた場合に戻ってくる）

あご紐の結び方

## お遍路のルール

四国お遍路の良いところは、明確なルールがないところです。どこの霊場（札所）からスタートしても、順打ち（右回り）・逆打ち（左回り）・通し打ち（1回）・区切り打ち（2回以上）で結願（満願）しても良いのです。

しかし、どこから出発しても良いというものの、1番から順打ちで参拝した方が地理と

進捗状況も分かりやすく、多くの仲間もでき、かつ情報交換もできます。

さらに移動手段がバス・タクシー・列車であろうと、また宗派も問わず、作法がどうあろうと、人に迷惑をかけなければ、どんな方法でも良いのです。

自由といったものの、無料の休憩所で椅子を独り占めして寝転んでいる人、善意のお菓子・みかんなどをごっそり持っていく人、宿のキャンセルを連絡しない人、お遍路しか通らない道にゴミが捨ててあるなど、多くのマナー違反を見かけました。

また目的は百人百様ですが、今までと違う環境で、時間とお金を掛けてかつ苦労して参拝するからには、自分なりの信念は必要で、何かを「得る」か「感じる」ことは大事なことです。

●ポイント●
・お遍路のルールは無いが、常識の範囲でマナーは必要
・相手のことを思う心が芽生えれば良い
・歩きの9割以上は、1番から順打ち

## 計画表は必要か

時間と金が無制限にある人、あるいは野宿を基本にしてお遍路している人からみると、「計画表なんて〝邪道だ〟」「行き当たりばったりで難題に遭遇したら苦労して解決しながら進むのが〝修行だ〟」それもありです。しかし地図も携帯電話も持たない人と出会いましたが、地図を見せてほしい、宿を予約するので電話を貸してほしいなど、最初から人を頼りにしての旅はいかがなものか（持参していないのを自慢していましたが、他人に迷惑をかけています）。

私は、１回目のお遍路は、市販の地図と簡単なメモを持参しましたが、情報不足の為、目的の半分も達成できず苦労しました。途中で、「へんろみち保存協力会」の地図（以後協力会地図と記載します）があるのを知り購入しました。

２回目は、自分の目的にあった計画表を作成して、そこの中で臨機応変に対応しました。霊場（札所）巡りだけが目的であれば別ですが、自分の見たい絶景・名所旧跡・記念館・博物館・町並みなどは、チェックしておかないと通り過ぎてしまいます。また分厚い資料を常に見ながら歩く訳にもいかないので、ポイントを絞り自分なりの計画表をつくることをお薦めします。

遍路道沿いの標高、寺と寺の距離、寺から主なポイントまでの距離、宿からの距離はすべて、協力会の地図に記載してありますので、自分にあった計画表が作成できます。毎日平均30㎞歩ける人でも、1日の参拝寺数および平坦地と山間部で、1日の歩行距離は全然違ってきます。美術館・記念館などに寄るなら、それなりの見学時間も入れる必要がありますので、自分の目的・体力に合った行程と宿の確保が重要になります。

旅の好きな人は、地方の名物は何か、絶景の場所はどこかなど事前に計画するのが楽しみの一つで、計画表の作成から旅が始まっているといっても過言ではありません。

慣れるまでの数日間は、自分のペースが掴めないので、協力会地図に記載のモデルプランを利用すれば良いでしょう。

●ポイント●
・自分の寄りたいところは、地図（計画表）に落とし込む
・最初は、余裕を持って計画する
・歩き（修行）の中に、自分の趣味（写真・美術・歴史）などを織り込めば、歩きが楽しくなる
・へんろみち保存協力会の冊子（地図・解説）は市販されていないので、ネット注文または現地購入が必要

## 地図は必要か

協力会の地図は、お遍路道を中心に路地裏から田んぼの畦道までこと細かに記載されています。しかも遍路宿、旅館、ビジネスホテル、温泉宿なども千件近く掲載されているので、歩き遍路の必須の書籍かつバイブル的な存在であり、この地図に勝るものは無いでしょう。ただ難点は、地図の上が北でなく進む方向がほぼ左方向になっているため、ページ毎に方角（方位）が変わり、地図は上が北である認識をなかなか変えられないと、見づらい面があります。さらに道路の変更、宿の廃業、コンビニなどの変更箇所が多々あり、情報の修正が間に合っていません。

この地図は素晴しいと認めますが、それでも10回ぐらい道を間違えました。主な理由は、通常は写真のような小さい目印があるので、いちいち地図を見なくて良いのですが、何しろ小さくて見落とす

案内標識のシール

ことがよくあります。また仲間と2人のときも、話に夢中になり見過ごしてしまいます。500m進んで分岐道があるのに矢印のシールがないときは原則として引き返します。あるときお遍路道と信じて歩いていたら「この道は遍路道ではありません」という看板に2、3回遭遇しました。もちろん10m程度引き返しますと、たしかに矢印がありましたが、間違えやすい分岐道のため付近の人がわざわざ、逆案内の看板を設置してありました（逆転の発想に感心しました）。

●ポイント●
・遍路道の分岐点では、標識（案内）を必ず確認する（消えたもの、剥《は》がれたものがたまにある）
・磁石があれば便利（スマートフォンのアプリでも可）

## 宿はどうするの

協力会の冊子に、遍路専門宿・旅館・民宿・ロッジ・海の家・ペンション・ユースホステル・ビジネスホテル・ホテルおよび宿坊などが千軒近く掲載されて、地図に落とし込んであるので、自分の足にあった宿が取れます。ただし20㎞程度無いところもありますので、歩きにこだわる人は注意を要します。

料金の相場は、１泊２食で６５００円程度ですが、内容には雲泥の差があります。安ければサービスが悪く、高ければサービスが良いなら問題ないですが、違うのがこの世界です。同業者同士の悪口はいいませんので、お遍路仲間の情報に頼るしかありません。当たりが悪くても修行の内とはいうものの、１日の疲れを取るためには少しでも環境の良い宿に泊まりたいものです。

ほとんどが個室ですが、古い宿は襖一枚のため、いびきが聞こえる宿もあります。疲労回復のために適宜温泉宿あるいは、ビジネスホテルに宿泊して、飲食店で地方の名物料理を食べるのも楽しみの内です。しかし、ホテルあるいは大きな宿泊設備よりは、小さな宿の方がお遍路仲間の情報が多く入ってきます。

宿坊は、団体客が多いのですが、金額もほぼ同じでアルコールもあります。違うのは、夕方または朝の食事前に勤行《ごんぎょう》があるので、特に朝あるときは、通常６時からですので出発が７時過ぎになり注意を要します。

日常から開放される折角のお遍路、お経を聴いたり、住職の説教を聴いていろいろとお尋ねすることもできるので、ぜひ88ヶ所のお遍路道沿いにある20ケ寺ほどの宿坊を利用することをお薦めします。なお寺によっては、国宝級の仏像など宝物も無料で拝見できるところもあります。

春と秋の季節の良い連休および人気のある宿、さらに山の麓の宿も早めの予約が必要になります。車での参拝なら夕方になっても30分も走れば、宿はあるでしょうが、歩きは限定されます。私の場合は、３日から5日ぐらい先を予約しました。

予約時に、宿泊料・朝の食事時間・乾燥機の有無などは、最低限確認が必要です。

※勤行：仏前で読経を行いますが、やり方は寺により多少違います。

●ポイント●
・人気の宿、ここしかない場所は早めの予約が必要
・宿情報は、お遍路仲間に聞くべし
・キャンセルはＯＫだが、早めに連絡

## 四国別格20霊場とは

元々、四国には大小３００ヶ寺以上の寺があり、88ヶ所以外の霊場は、番外霊場と呼ばれていました。昭和40年代前半に弘法大師とゆかりの深い20の番外霊場が結集して別格霊場会が立ち上がりました。

88ヶ所プラス20ヶ所で丁度１０８ヶ所といえば、煩悩の数と一緒で語呂が良いのです。このぐらいは想定できますが、誰がいつ、どのような基準で選定したのか。また、高野山との関係はどうなっているのか。恐らく20ヶ所に選定されることで収入の面で大きな差がでるはずです。この裏には熾烈な競争があったと想定されます。宗教界といえども現実の社会と似ているのではないでしょうか。この様な下衆《げす》の勘繰りみたいなことを聞いて回るのも、裏社会が見えて興味あるのですが、果たして見えるかどうかその結果は後で分かるでしょう。

20ケ寺の半数は、88ヶ所霊場（札所）の遍路道沿いにあるので、歩きお遍路は意識しなくてもいくつかの別格霊場（札所）を参拝できます。残り半分が大きく外れているので、一週間ぐらい余計に参拝日数が掛かります。別格は、88ヶ所より小さい寺という訳ではなく、88ヶ所より歴史も古く魅力的な大きな寺もあります。

通常は88ヶ所と同時に参拝した方が効率が良いようです。別格札所では車利用の参拝者には結構会いましたが、歩きお遍路は１日数名以下と非常に少ない分、住職に直接対応していただきいろいろな話も聴けるので、これが歩きお遍路の楽しい一面です。

参拝方法は、88ヶ所と同じでどこから始めても良いのですが、別格1番（大山寺）からが便利です。

納経帳は88ヶ所とは別で、1番（霊山寺）では販売していませんので別格霊場か一般の販売店で購入します。私の購入した納経帳は、スタート寺へのお礼参りはありませんが、高野山の金剛峯寺と、京都の東寺が固定印刷されています。いまいちこの関係がわかりません（企業に例えれば、高野山に本店があり、88ヶ所と別格が事業部制で四国に支店がある……?）。

●ポイント●

・別格20霊場の半分は、通常の遍路道沿いにある

・時間と体力と資金が許せば、別格20霊場もついでに

## お遍路2日目「ウォーミングアップ」

■2番（極楽寺《ごくらくじ》）⇩3番（金泉寺《こんせんじ》）⇩（宝国寺《ほうこくじ》）⇩（愛染院《あいぜんいん》）⇩4番（大日寺《だいにちじ》）⇩（五百羅漢《ごひゃくらかん》）⇩5番（地蔵寺《じぞうじ》）⇩別格1番（大山寺《たいさんじ》）⇩6番（安楽寺《あんらくじ》）⇩7番（十楽寺《じゅうらくじ》）⇩宿泊：宿坊（十楽寺）

前日は、1番（霊山寺）を打ち、門前のお遍路宿に宿泊しましたが、再度出発前に参拝すると、7時前にもかかわらず門前および境内に数十人が旅立ちを待っていました。完璧な白装束、私と同じ3点セット、学生らしいジャージ姿の自転車の若者、ハイカー姿の外国人、山ガールスタイルなど、さまざまな人たちでごった返していました。これが9時ぐらいになると団体客が入るので、ちょっとした村のお祭り風景になります。

平成23年の東日本大震災の影響で、参拝者が減少していたが、平成26年がお遍路開創1200年、平成27年が高野山開創1200年という節目のためか、現在は増加傾向にあります。

初めての人でも、88ヶ所の寺だけであれば11番（藤井寺）まで、40kmを2日間で歩けば十分余裕があります。田園地帯をほぼ西の方向に、吉野川と平行に県道の一部を通りながら起伏の少ない遍路道を歩いて行きます。この辺は歩きの人が結構多く、おそらく〝歩いて結願するぞ〟と志を胸に秘めた人たちでしょう。果たして最後まで歩ける人の割合はどのくらいか、興味があります。

バスツアーの人たちは先達（案内人）に引率されて一糸乱れぬ姿で、読経し真言を唱えています。静かな寺の山間に読経が響き、ときには荘厳で神秘的かつなんともいえない四国ならではの旅情を感じます。

私は別格20霊場を同時に参拝しますので、2日間で50km程度と足慣らしには丁度良い距離です。健脚の人には、物足りないかも知れませんが、次の12番（焼山寺）の山越えを考えるとウォーミングアップが必要です。

1ケ寺あたり、本堂と大師堂のお参りと境内の散策および休憩を入れると、最低でも20～30分は掛かります。参拝寺が多い場合は距離が伸びないし、逆に参拝寺の無い日は30km以上進まないと計画通りにはいきません。かといって寺が無くても山登りの遍路道になると低速になるので、1日の自分のペースを掴み、宿をどこにするかまで慣れるのは、まだ先のことです。

**●ポイント●**
・２日間は、無理せずウォーミングアップが必要
・参拝作法は、見よう見まねで身につく（不安なら１番礼所で尋ねる）

## 宿坊の楽しみ

７番（十楽寺）の宿坊は、改装されて間もなく、部屋・風呂・トイレ・食堂の設備も快適で食事も申し分ありません。弘法大師作といわれる阿弥陀如来像がある、新しい本堂で朝６時から勤行が行われました。正面には、大きな一本の蝋燭《ろうそく》に火が灯っています。全体として荘厳できらびやかな伽藍ですが、正面以外の三方に窓が無く吹きさらしです。３月初旬とはいえ、外は４℃。もろに外気が入り勤行に参加している20名程度が、手足を擦りながら寒さに堪えています。住職が正面に正座すると同時に、十数本の提灯に一斉に灯りがともりました。誰かが電気のスイッチを入れたのでしょう。揺れる蝋燭の炎を見ながら、読経を聴き瞑想する気持ちでいましたが、さすがハイテク寺も合理化したかと感嘆しまし

た。周りが目を閉じて聴いているのを見て、お経は「耳と心で」聴くものと理解しました。

10ヶ所程度、宿坊に泊まりましたが、宿坊では朝食前の朝の勤行《ごんぎょう》で読経を聞きながらいろいろと瞑想し一日の誓いを新たにして、最後に住職の法話を聞くのが楽しみの一つです。住職により話の内容も違いますが、お遍路の心構え・寺の歴史・人生訓・宗教について・自分の歩いてきた道など、多種多様でサラリーマン一筋で過ごし歳も取ってきた者にとっては、参考になることが多いです。

宿坊は、四国の遍路道沿いに20ヶ所程度、高野山には52ヶ所ありますが、自分が宿を取りたい所に無い場合、定休日の場合、団体に占領されて空きが無い場合があるので、早めの予約が必要です。ちなみに次の宿坊はぜひお薦めします。

歩き始めの1日目をゆっくりと温泉で6番（安楽寺）。設備の新しい7番（十楽寺）。高台から夜の室戸市が一望できる26番（金剛頂寺）。本堂の天井絵をゆっくりと眺められる37番(岩本寺)。住職の幅広い知識と活動の話が聴けて、精進料理の美味しい58番(仙遊寺)。弘法大師誕生の地で、十数名による素晴しい合経を聴いた後、御影堂の下の戒檀めぐりでお大師さまに巡り会える75番（善通寺）。ぜひ宿泊してみてください。ゆっくりと宝物の拝観と勤行に参加して法話が聴けます。

●ポイント●

・宿坊に泊るのも修行の内（総合的に民宿より良い）

・寺名と場所は、協力会の冊子に記載してある

## お遍路3日目「四国三郎の沈下橋」

■8番（熊谷寺《くまだにじ》）⇩9番（法輪寺《ほうりんじ》）⇩10番（切幡寺《きりはたじ》）⇩吉野川（沈下橋）⇩11番（藤井寺《ふじいでら》）⇩宿泊：遍路宿（旅館吉野）

利根川（坂東太郎）、筑後川（筑紫次郎）、および四国三郎の異名を持つ吉野川は、日本三大暴れ川の一つで、全長194km、幅が広い所で中洲を入れて2kmは優にあります。地形的に四国の瀬戸内海側は雨が少ないが、太平洋側は一度雨が降るとダムが少ないため数倍の水量になります。上流の樹木が欄干に掛り橋全体が流されないように、欄干を取り付けないで橋桁も低くし、大雨のときは橋が沈みます。

川島橋は幅3m程度で中型車までは通行可能ですが、中間で車輌とすれ違うときは車の飛び出し防止用の50cmの欄干しかないので、端の方でじっとして通り過ぎるのを待たなければならず、スリルというより非常に危険です。

お遍路道から少し離れますが、古い沈下橋が次の所にありますので興味のある方は時間を取って行けば写真も撮れて絶景も楽しめます。37番（岩本寺）がある四万十町（四万十川の上流）に、四国で最古（１９３５）の沈下橋（一斗俵）が残っています。また四万十市（旧中村市）の河口から10km程度上流に人だけが通れる長さ２００m程度の橋があります。

さらに第12番～第13番の中間の鮎喰川《あくいがわ》に掛かっている沈下橋は、最近架け替えてありましたが、以前はコンクリートの橋脚（縦の部分）のみで、橋桁（横の部分）は、両岸の川岸からロープを渡して、ロープに木製の橋桁を結び洪水のときは、橋桁が外れて宙に浮く形にしてあったと、近辺の老人にお聞きしました。大雨に対する先人の知恵につくづく感心しました。

鮎喰川の沈下橋

気をつけて歩けば、大なり小なりの沈下橋が見られます（遍路道をショートカットすると見逃すところもあります）。

※（藤井寺《ふじいでら》）⇩ここだけが「てら=寺」と呼びます。あとはすべて「じ=寺」と呼びます。
（基本的に寺関係は音読み、神社関係は訓読みである）

●ポイント●
・道中は近道せず、お遍路道を歩く（新道の歩道は、変化と感動が少ない）
・11番（藤井寺）までは、多くの人が歩いているので初心者も安心できる

**身の回り品は最小限に**

ここまでは、別格1番（大山寺）を除けば低地の歩きで距離も短いので、「お遍路とはこんなものか」と感じます。

3日目の宿は、11番（藤井寺）を打ち1㎞足らず打ち戻り（バック）した吉野家です。ここの宿は、12番（焼山寺）の麓になりかつ5名程度しか宿泊できないのでいつも満員の宿です。

同宿の大阪出身で5回目のベテラン男性（70才）から、いろいろなことを学び初心者として大変助かりました。その中で、

「貴方の荷物は多すぎる。明日のきつい山登りで体験できるから、それからでも遅くはないけど……経験しなければ分からないことがたくさんありますよ！」

という助言をいただきました。たしかに物の本にも、歩きお遍路の荷物は５kg程度がベターと記載してありました。家を出るときに荷物の重量を測定したら、頭陀袋を含めて9kgありました。たしかに、重たくはありましたがどうしても減量できなかったので、とりあえず持参したものの、これに明日の弁当と５００㎖のお茶２本を入れたら10kgを超過します。今までの２日間は平坦でまだ疲労もないので負担を感じませんでしたが、腰痛持ちにはたしかに大変です。リュックをひっくり返して再点検しました。一ヶ月ぐらい髭を剃らなくても良いので電気カミソリは不要、写真は他人に撮ってもらえば三脚も不要、ラジオはスマートフォンで代用できる、洗濯は２日に１回すれば下着は予備２枚で済む……いろいろと選別して２kg程度宅急便で自宅へ送り返しました。

私は２回のお遍路で１００ケ所近く宿泊しましたが、タオルが無い宿が3軒、浴衣（寝巻き）が無い宿が2軒、洗濯機の無い宿が2軒、髭剃り（剃刀）は数件しかありませんでしたが、いろいろと工夫すれば何とかなるものです。歩きお遍路は荷物をいくら減量する

かが、体力の消耗に掛かってくるので最大の課題です。

春先にスタートすれば、だんだんと暖かくなるので不要の物は自宅へ送り返せば済みますが、秋口にスタートすると逆に最初から厚手の衣類を持参する必要があるので、春先の3～5月が最適です。しかし春と秋は混雑するので、ゆっくりと回りその日の都合で宿を取りたい人は、夏と冬もありです（暑さと寒さに自信があれば、お薦めします。真夏に歩いた仲間に会いましたが、死ぬ思いをしたそうです）。

なおリュックサックは、25から30リットル程度で腰・肩にフィットし、横・後に網目のポケットが付いている物が便利です。頭陀袋は、地図・資料・ローソク・線香・カメラ・携帯電話など、いつでも出し入れできる量が入る大きさの物が便利です。参考までに、これも旅館吉野屋の女将さんに教えていただきましたが、頭陀袋を横に担ぐと片荷になり、バランスが取れないので、15ページの写真の様にリュックの肩紐に掛けて腹で抱える格好にすれば、楽に物の出し入れもできてバランスが取れます。

携行した方が便利な物として、手袋・手ぬぐい・ビニール袋・ゴム紐類は、途中で活用するときが必ずあります。

後日になりますが、朝出発時に女性（50過ぎ）の荷物が遠足程度のリュックであったので、「車で参拝ですか?」と尋ねたら「歩きです」と小さい声で返事がありました。要約すると2個リュックを持参して、朝方宅急便で明日の宿に送り、今日の宿には前日送った分が届いているということです。田舎の宅急便は、朝お願いして夕方には届かないことがあるので2個を回していました。金は掛かりますが、非常に楽でしょう。人それぞれの考え方があり、ルールはありませんし自由です（何とかして歩きたいと思う気持ちと努力は理解できますが、そこまでするか！　こだわりの歩きお遍路の私には関係ございません）。

●ポイント●

・身の回り品は、５kgから７kgが目安
・参考書通りに準備すれば、軽く10kg以上になる
・下着は２日分あれば、１日おきの洗濯で済む
・現金は少なめに、郵便局のカードが便利（遍路道沿いに郵便局はある）

## お遍路4日目「遍路ころがし」

■（長戸庵《ちょうどあん》）⇩（柳水庵《りゅうすいあん》）⇩（浄蓮庵《じょうれんあん》）⇩12番（焼山寺《しょうざんじ》）⇩12番奥の院⇩（杖杉庵《じょうしんあん》）⇩宿泊：遍路宿（なべいわ荘）

11番（藤井寺）の山門を潜り本堂の横に12番（焼山寺）への登り口があり、山門を出ないで遍路道に通じています。12番（焼山寺）まで13㎞さらに奥の院まで約2㎞、標高差は940ｍですが、遍路道が三つの山と谷になっているため、累計標高差は1500ｍ以上の山に匹敵します。

11番（藤井寺）から少し登ったところの休憩所から、昨日渡った吉野川が緩やかにカーブしている吉野川市内が一望に眺められ、まさに絶景が味わえますが、まだまだ始まったばかり、ゆっくりしている心の余裕はありません。

昨日のベテランお遍路の「山登り」の意味がやっと分かりました。ここの遍路道は、「遍路ころがし」と呼ばれその字の如く、遍路も転がるくらいに急な難行苦行の道程で、修行の思い出に残る一つです。特にここは、６ケ所の急峻な勾配がありかつ昔の遍路道のため足場も不安定で、下りは上りよりさらなる注意が必要です。

一に焼山〔12番（焼山寺）〕、二にお鶴〔20番（鶴林寺）〕、三に太龍〔21番（太龍寺）〕といわれる程、山あり谷ありの一番きつい「遍路ころがし」です。ほかにも、60番（横峰寺）、66番（雲辺寺）、88番（大窪寺）への女体山越えは遍路ころがしがあるので、ぜひ麓にベースキャンプ（宿）を取り、午前中に登った方が良い遍路道です。

昨日、肩の荷は少々ですが送り返したので、軽くなったとはいえ不要の心の荷物を整理してないので早く捨てたい気持ちです。

12番（焼山寺）まで健脚の人で5時間、普通の人で6時間、年寄りあるいは女性で7時間以上といわれていますので、6時間以内を目標にして、ノルディック・ポールを使用しながら、６ヶ所の大きな遍路ころがしをいっぽ一歩「歩」を進めました。

ポール使用で一番役に立つのは、転倒防止です。濡れた落ち葉のある坂道は滑りやすいので、ポールの先端のゴムを外し地面に突き刺して、そこに足を掛けて歩行すると転倒防止になり転がることもありません。53日間毎日使用して、体の一部のような感覚になりました。ただ欠点は、手に何も持てないので、歩きながら水の補給や地図を見ることができません（危険です！　止まって見れば良い。スマホも一緒です！）。

●ポイント●
・ポールの使用は、側溝・グレーチングの隙間に注意（挟まって先が取れる）
・ポールの先端ゴムは、予備品を持参する（現地のスポーツ店に予備品は無い）
・12番（焼山寺）を打ったら再度荷物の棚卸が必要

## 逆打ちのお遍路は貴重な情報源

四国88ヶ所霊場を右回り（時計の進む方向）に回ることを「順打ち」、逆に回ることを「逆打ち」といって、通常順打ちを2〜3回しないと逆打ちは、案内標識もほとんどないので難しいといわれています。遍路道を逆からきた人はベテランで数回は参拝していると思ってよいです。

私は、逆からくるお遍路さんには必ず立ち止まりまず挨拶して、こちらから積極的に話をさせてもらいました。何故かというと今から行こうとしている方向からきているので、遍路道・天気・遍路宿などの情報が聞けるからです。特に雨の日の山間の遍路道は、洪水またはがけ崩れで通れなくなる場合があるので大変助かり、またいろいろな情報を聞けるので参考になります。

11番（藤井寺）より8㎞ぐらい先の浄蓮庵で休憩していると反対から足の軽い人がみえたので早速声を掛けました。横浜市出身の男性（70才）は、今回が5回目で、別格20霊場を含み55日間で逆打ちされていました。願ってもない人に出会えたと思い、いろいろとお尋ねしました。特に別格20霊場の7番・13番・20番の遍路道は地図に載っているが、人が通れる状況ではないことを教えていただき、宿の手配にも大変役立ちました。

最後に電話番号まで記載した納札をいただき、解らないことがあったら気軽に電話をしてくださいとおっしゃったので、弘法大師に見えて、一つの懸案が片付き結願が見えたような気になりました（あまい、あまい！）。

同じく12番（焼山寺）の手前の最後の遍路ころがしを登っていると、男性を気遣いながら女性を先頭に軽装姿の老夫婦（80才過ぎ）がゆっくりと下りてみえたので、道を譲り挨拶して、「逆打ちですか」と尋ねると、「帰るところです」とのこと。

話を要約しますと、若い頃は何回も参拝したが、最近はこの山越えを1日で越せないので、昨日は半分（約6㎞）まで登り引き返して、今日は朝から昨日登った所まで車で来てそこから12番（焼山寺）まで行き、お参りを終えて今から車の所まで帰る途中とのことでした。年取られても夫婦仲良く、一番きつい難関の遍路ころがしをゆっくりと苦労を苦労と思わずに、２日間掛けてでもお参りするこの姿勢に心打たれました。

ちなみに結願するまでの50日間に、約20名の逆打ちお遍路に遭いました。

●ポイント●
・逆打ちの人は、ベテランで情報を持っている

**お遍路５日目**
■別格２番（童学寺《どうがくじ》）⇩13番（大日寺《だいにちじ》）⇩14番（常楽寺《じょうらくじ》）⇩15番（国分寺《こくぶんじ》）⇩16番（観音寺《かんおんじ》）⇩17番（井戸寺《いどじ》）⇩宿泊：遍路宿（おんやど松本屋）

**お遍路６日目**
■18番（恩山寺《おんざんじ》）⇩19番（立江寺《たつえじ》）⇩宿泊：宿坊（立江寺）

## お遍路7日目「番外霊場も見所いっぱい」

■（番外取星寺《しゅしょうじ》）⇩（番外星《ほし》の岩《いわや》）⇩宿泊：民宿（勝浦町）

四国中の88ヶ所霊場と別格20霊場の計１０８ヶ所以外の霊場を番外霊場と呼びますが、優に３００ヶ寺はあるといわれており、この番外霊場にも見所が多数あります。通常の遍路道沿いあるいは、少し遠回りすれば参拝できますので、私が参拝した主な霊場を次に掲載します。住職が不在で御朱印が貰えないところもありますが、参拝者が少ないので住職とゆっくりと話ができます。

・**取星寺**《しゅしょうじ》：ネーミングが良く小松島市にあるマンモスの日亜化学工場が見える見晴らしの良い高台にあります。19番（立江寺）から南へ４㎞程度、地図に遍路道が載っていますが、現在は竹やぶで通行不可能で道に迷いました。遠回りになりますが車道を行った方が良いです。住職にお茶までいただき、弘法大師伝説の隕石の宝物があると話されたので、拝観をお願いしましたが普段はご開帳してないので駄目でした。

・**星の岩屋**：勝浦町のお遍路宿「金子や」の手前から２㎞ほど北側へ、頭上から落下する滝水を裏側から見ることができる「裏見の滝」は他の霊場で見られない幽玄神秘な雰囲気があります。御朱印は次の20番（鶴林寺）で貰えます。

・**御厨人窟**《みくろど》：室戸岬の遊歩道の始点の右側にあり、空海の修行の場でまた名前の由来の地でもあるので、ぜひ中に入り(無料)、中から空と海を眺めて「空海」の気持ちを味わってみたいところです。

・**不動岩**：26番（金剛頂寺）から国道55号へ出るときに途中から左へ案内板があるので、１㎞程度遠回りになりますが、空海修行の地で断崖絶壁の海が見える絶景の場所です。

・**真念庵**《しんねんあん》：38番（金剛福寺）の打戻りと39番（延光寺）への分岐点から７００ｍの所にあるが、納経所の係りが不在のときが多いので、面倒でも38番へ行く途中に一度寄り、不在のときは打ち戻りのときに再度訪問した方が良いです。この霊場は集落の当番が数年おきに交代で管理しています。現在の四国88ヶ所霊場の基礎を築いた真念が無料の宿を建設した跡地に没後建てられた庵です。

・**宝厳寺**《ほうごんじ》：道後温泉から５００ｍ足らずの手前右の坂の上にあり、時宗の開祖「一遍上人」の生誕の地で、瀬戸口寂聴の縁の寺でもあります。残念ながら平成25年10月に火災に遭い山門と石碑以外は何もありませんでした。ただし再建の看板がありましたので今はどうか不明ですが、再建されている可能性があります。

・**星ケ森**：60番（横峰寺）の山門から石槌山へ向う５００ｍの地点で、晴れた日は絶景間違いなしです。

・**佛母院**《ぶつぼいん》：別格18番（海岸寺）の近くで、弘法大師の御母公玉寄御前の御屋敷跡で、へその緒と産湯の井戸が残っています。へその緒の拝観をお願いしましたが駄目でした。日方保育園の愛想の良い園長（女性）に御朱印をいただきました。

・**捨身ケ嶽禅定（73番の奥の院）**：73番（出釈迦寺）より1.4㎞で標高３５０ｍにあり、空海が身を投げて修行した必見の場所です。晴れた日は、讃岐平野および瀬戸内海の島々の絶景が待っています。

・**松尾寺**《まつおじ》：75番（善通寺）より別格17番（神野時）への途中にあります。以前は、金刀比羅宮はもと松尾寺の境内にある鎮守社であったが、明治の神仏分離令で脇役になってしまいました。

・**金刀比羅宮**《ことひらぐう》：四国旅行に行けば一度は参詣される人も多いかと思います。松尾寺の横から千数百段の階段を上りますが、余力のある方は、また別の御利益と感動があるかも知れません。

・**興田寺**《よたじ》：88番（大窪寺）で結願して、大坂峠経由の寄り道（東香川市）で少し遠いですが、四国八十八ヶ所総奥の院と呼称されて、豪華な山門に文化財も数多いので参拝したい寺の一つです。

**●ポイント●**

・ちょっと寄り道して番外霊場を参拝すれば、新たな出会いと感動が待っている

・時間に余裕があり住職と話したい人はぜひ番外霊場も

## お遍路8日目「過疎化地区でモデルデビュー」

■別格３番（慈眼寺《じげんじ》）⇩（穴禅定《あなぜんじょう》）⇩20番（鶴林寺《かくりんじ》）⇩21番（太龍寺《たいりゅうじ》）⇩（舎心ケ嶽《しゃしんがだけ》）
⇩宿泊：遍路宿（坂口屋）

私の町（福岡県新宮町）は、全国一（平成27年）の人口増加率の高い町で、今年（平成28年）小学校新設、３年後に中学校が新設されるので人口の減少を実感していませんでしたが、四国の遍路道は山間僻地が多いので、小中学校の廃校がよく目に付きます。穴禅定で有名な、別格３番（慈眼寺）に向う途中の麓に勝浦町坂本地区があります。ここは過疎化対策を成功させて国および各種団体から表彰を受けています。

一つは、「坂本おひなさま街道」と称されて、各家庭の軒先、または窓際の外向きに雛人形を飾り、道行く人を楽しませてくれる飾り付けをしています。今は全国各地で見られますが、この手法の元祖だそうです。また展示期間が旧暦のため３月末頃まで開催されています。普段は車も疎らで静かな山村でしょうが、この日は休日で近畿地方の県外ナンバーの車も多く見られました。

慈眼寺に行くときは、7時前のため素通りしましたが、打ち戻りのときに集落の民家の左右に工夫を凝らした雛人形の飾りつけを見学しながら歩いていると、昔お嬢さんの声がしました。

「お遍路さん写真撮らせて！」

周りを見渡しますがお遍路は誰もいないので、

「私ですか？」

「そうですよ！　お雛様をバックに写真を撮りたいので道路の端をゆっくり歩いていただけますか、そのまま振り向かないで真っすぐ歩いて！　雛人形とお遍路姿が絵になりますよ」

（横顔しか撮らないのかと独り言……）いわれるままに歩いていると数人が寄ってきてパシャリ・パシャリとシャッター音が聞こえます。後からきた人が、

「すみません、もう一回お願いします」

と声が掛かり、悪い気分ではなかったので、

「モデル料高いですよ！」

というと、

「私のお接待で我慢してください」

いいながら、ビスケットを袋ごと差し出してくれました。

（ひなびた山間の雛人形が飾られた遍路道を、白装束のお遍路が次の札所を目指していく風景は、たしかに絵になります。）

もう一つの活性化は、明治初期より１２０年余続いた坂本小学校が平成14年に廃校になり、その活用方法として「農村体験宿泊施設」として、小中学生の合宿およびお遍路を含む一般の人への開放です。特に別格３番を打つときは麓にあって便利が良いので、私も予定を変更してまで予約を入れましたが満室のため取れませんでした。後でここに宿泊したお遍路仲間の話を聞くと、校長室に寝たとか教頭室に寝たとか自慢し合っていました（ホルマリン漬けした蛙の入った瓶が置いてある、理科室に寝た人はいませんでした）。

## 靴選びと肉刺対策が重要

歩きお遍路にとっては、靴選びと肉刺《まめ》対策は最重要課題の一つです。靴は日頃の靴より１cm程度は大きめを選び紐で調整するようにします。自分にあった靴で厚手の靴下を履き何日間か使用した靴が良いです。私の場合は、防水の軽登山靴（トレッキングシューズ）で片方350gと軽量品を使用しました。

ウォーキングシューズ・スニーカーでも、平坦地は良いですが、山道の石ころのあるところは危険で足首を痛めます。それなりの靴なら一足で結願まで履けますし、距離で2000㎞程度は大丈夫です。

肉刺ができて、足を引き摺りながら懸命に歩く多くの人に出会いました。日頃歩いてない人、スニーカーを履いている人、靴の大きさにに余裕がない人など、また肉刺のできる部位も踵、足裏、指の間など様々です。

肉刺対策の一番は､事前にある程度歩き肉刺のできるウィークポイントをチェックして、そこにスポーツ用のテープを貼れば効果は大です。

私の場合は、日頃のウォーキングの成果もあるかも知れませんが、毎日足の踵付近に、幅7㎝、長さ15㎝のテープを片方2枚ずつテーピングしましたので、幸いに肉刺はできませんでした。しかしテープの数量が合計で220枚（4枚×55日分）となり、重さはたいしたことありませんがリュックの容量を大きく占領しました。

肉刺ができた場合は、素人療法ですが無理に皮膚を剥がさないで、針をライター（マッチ）で消毒して木綿糸を通し、水の溜まった部分に刺して、糸の両端を切断します。そのままにしておくと自然に水が糸を伝わって出てきますので、頃合いをみて糸を取ると自然に治癒します。後は、少々の我慢も修行の内です。

問題は、どしゃ降りで靴の中まで雨が入った場合では、夜、新聞紙を数回取り換えても朝まで乾きません。

春先の平成26年度は、遍路日数44日間で雨具を着用した日が5日で、その内に靴の中までビショ濡れの日が2日あり、平成27年度は、遍路日数53日間で雨具を使用した日が11日で、その内に靴の中までビショ濡れの日が4日ありました。

これをどう捉えるか、そのぐらいは当然修行の内か、雨靴または予備品を持参するかは自由です。

●ポイント●

・靴は履きなれた、トレッキングシューズまたは軽登山靴が最適
・出発前に何度か履き、足のウィークポイントを確認することが大事
・足に自信があっても、医療用のテープ（絆創膏）・スポーツ用のテープを少量は持参すべき

## お遍路9日目「歩きの定義はあるのか」

■22番（平等寺《びょうどうじ》）⇩（弥谷観音《いやかんのん》）⇩23番（薬王寺《やくおうじ》）⇩宿泊：門前旅館（むらかみ）

初めて会った人との会話として、まずは、どこからお見えですか？　何回目のお遍路ですか？　歩きですか？

区切り打ちまたは通し打ちですか？　……などが主な会話で、通常は名前、仕事、目的などの話はしません。何かの縁で何日後かに再会したりすれば、納札の交換からさらに親密な会話へと発展します。

ある宿で歩きお遍路の「歩き」が話題になり盛り上がりました。先輩お遍路の話をまとめると、歩き遍路は霊場（札所）を点とすれば遍路道は線であるから、とにかく歩いて四国に円を描くことです。昔は川を越えるときは、筏《いかだ》か伝馬船または浅いところは直接水に浸かり渡っていたから渡し船は良し。よって土佐の浦戸湾の海の県道278号線の高知県営フェリーと四万十川の下流の「下田の渡し船」は良いが、土佐市から須崎市への浦ノ内湾のフェリーは、正式なお遍路道があり船に乗ることは、他人の力を借りるので駄目です。

それと、宿に到着して時間があるので、荷物を預けてさらに何キロか歩いて、帰りの宿まではバスまたは宿の主人に迎えにきてもらい、あくる日は前日歩いた所まで送っていただくのも「線」で繋がるので良いという意見が多数でした。

ちなみに、私は初回はこだわりで浦戸湾の渡海船のフェリー以外は、乗り物も宿の送迎も一切なしでした。しかし、２回目は、遍路道から外れた観光は路線バスあるいは宿の車に甘んじました。たまに、お遍路仲間より先に出発したのに、相手が先に寺についていたことも度々ありました。特に、30日間程度で結願予定の人は、室戸岬、足摺岬はバスか列車を利用している人が多いようです。本当は、この１００㎞近い道を唯ひたすら歩いてこそお遍路修行になるのでしょうが、ひとそれぞれ時間・お金の都合もあるので自由です。

●ポイント●

・歩いて四国に切れ目なく円を描けば、歩きお遍路である

## お遍路10日目「阿波の国最後の参拝」

■別格4番（鯖大師本坊《さばだいしほんぼう》）⇩宿泊：民宿（東洋町）

1番（霊山寺）から打ち始めた人の大半は、阿波の国最後の23番（薬王寺）で、区切り打ちで打ち止めが多いようです。途中で知り合った10名程度の仲間は、打ち止めか先へいく仲間は、すでに土佐の国を歩いていると思われます。私は別格も打っているので普通の人より1～2日遅いペースです。

ここまでに、別格20霊場を同時に打っている仲間とは、まだ会っていませんので、たしかに別格の歩きお遍路は少ないです（いらぬ心配ですが、この数では別格の寺経営は厳しいのでは?）。

阿波の国最後の23番（薬王寺）から土佐の国24番（最御崎寺）まで、途中に別格4番（鯖大師）がありますが、75㎞あり、普通の人で2日半の歩きになります。

本日は、寺のすぐ近くの「むらかみ旅館」に宿泊、設備も良く食堂も兼務しているので美味しい食事でした。ここで熊本の65才と埼玉の69才の始めてのお遍路さんと出会い、知識のない者同士の会話でしたが、その内の一人がお賽銭として、縁起を担ぎ5円玉を２００個持参しているのには驚きました。恐らく一番重い荷物で２kgはあります。ここ迄に50個位使用したので大分軽くなったとはいえ、これも信仰心とこだわりで自由です（本人はさほど、苦にしていませんでした）。

室戸岬への数カ所の短い遍路道以外は、歩道が整備された国道55号線を東から西へさらに南へと単調で早春の紺碧色の太平洋を眺めながら、ときには波の怒涛の音を聞きながらひたすら歩くのみです。ここは歩きの勝負で何人かと同行しましたが足が合わず抜きつ抜かれつほぼ一人歩きでした。

宿で食事中に、明日の遍路宿（ロッジ室戸岬）の女将さんから携帯に電話が掛かりました。

「転んで入院したので、申し訳ないが対応できません

室戸岬まで後 20km

から、紹介の宿に変更してください」

とお願いの電話でした。

初回に宿泊して、80才前後の年寄り一人で切り盛りし距離的にも良く、愛想も良く、食事も良かったので今回も予約したのに残念ながら諦めざるを得ませんでした。

問題は、紹介のあった宿が10㎞手前のため、その次の日にしわ寄せがくるので、紹介された宿に相談したら
「当日打ち戻りされれば、途中まで送迎します」

との返事をいただきました。

当日は宿に13時に到着し荷物を預けて10㎞程度先まで歩き車に頼ることにしました。初回なら恐らく次の日を変更しないと予定通り進めなかったでしょう。しかし数日分の宿の再予約変更が面倒くさいのと、線としては繋がっているし歩き遍路の定義どおりで、こだわらなくても良いと自分で納得しました。

●ポイント●
・こだわりと自己満足は、自己の心の持ち方である

お遍路11日目

■寺なし⇩東洋町⇩室戸市⇩宿泊：民宿（徳増）

## 阿波の国（発心の道場）を終えて

阿波の国の88ヶ所、別格、番外と合わせて30ヶ寺を参拝しましたが、距離的には２００km超で、全体の６分の１にもおよびません。次の土佐の国は20ケ寺で歩行距離約６００kmとまさに「修行の道場」に今から入ります。

お遍路に旅立つまでは、寺と遍路道に空海が係わっていたことぐらいは認識していたものの、ほとんど興味がなく無知でありました。しかし四国を回って気付きましたが、空海の名前は住職が話すぐらいで、地元の人は「お大師さま」と呼び、尊敬と親しみが言葉ににじみ出ています。さらに１２００年も経過した今もなぜ継続しているのか、空海がすべての寺を創建したのか、四国の寺はすべて真言宗か、すべてのお遍路道を開創したのか、数多くの伝説があるがあくまでも伝説は伝説か、いろいろな疑問が湧きメモをとり、住職・納経所の担当・お遍路宿の主人・ベテラン遍路仲間などに時間があるかぎり質問していますが、不明点が数多く、解決するのはまだまだ先のことです。

23番（薬王寺）の境内に、商魂逞しく「空海の風景」の作家司馬遼太郎の記念碑が立っています。その本によると、空海は19才（７９４年）の頃、京都から淡路島へ渡り、徳島から阿南市経由で７２６年に行基により建立された23番（薬師寺）を経由して室戸岬へ行っています。この辺までは獣道ぐらいはあったかもしれませんが、ここから室戸岬までの海岸線沿いは断崖絶壁のため通れないので、山間部へ入り集落のあるいくつかの場所へ下りてさらにそれを繰り返しながら、20日以上掛けて最御崎《ほつみさき》（室戸岬の手前）に辿り着いたと記載されています。

今の私は風呂に入り腹一杯食べて、暖かい布団に寝て75㎞を2日半で辿り着きました。少々の足の痛み、疲労はあるものの空海の修行と比較すれば、きつくとも幸せな旅です。空海を知ることで修行が楽になってくるのは、少しは修行の結果がでたのか、いやまだまだでしょう。

●ポイント●

・23番から24番まで75㎞、歩き甲斐のあるコース。ここまでくれば、自然と歩きの楽しみを取得できる

第二章

# 土佐の国

## ――修行の道場

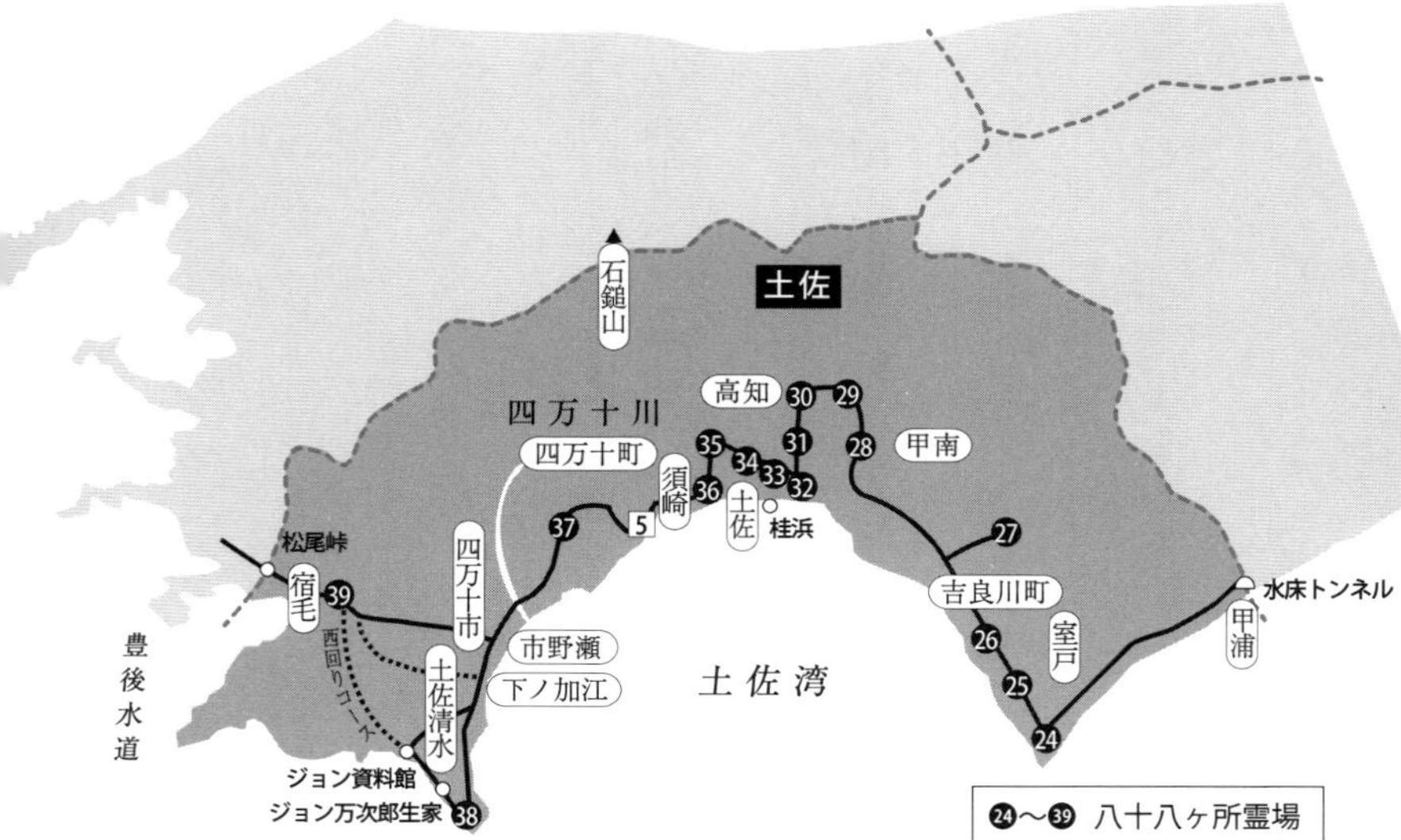

## お遍路12日目「空と海」

■室戸青年大師像⇩（御厨人窟《みくろど》）⇩番外（観音窟《かんのんくつ》）⇩24番（最御崎寺《ほつみさきじ》）⇩室戸岬灯台⇩中原慎太郎像⇩25番（津照寺《しんしょうじ》）⇩26番（金剛頂寺《こんごうちょうじ》）⇩番外（不動岩）⇩宿泊：民宿（蔵空間茶館《くらくうかんさかん》）

室戸岬の手前2㎞の右側の小高い丘に、室戸青年大師像（高さ21ｍ）が錫杖《しゃくじょう》を持って、静かにはるか彼方を見下ろしています。そのすぐ先の国道沿いに、番外霊場「御厨人窟《みくろど》」があり、納経所で尋ねると洞窟は無料で拝観できますが、右側の洞窟は落石のため立ち入り禁止でした。

空海が二十才前後に修行した洞窟で、左側が住居のための「御厨人窟《みくろど》」、そして右側には修行のための「新明窟《しんめいくつ》」です。

入口には鳥居があり、中は奥行き10ｍ、幅20ｍ、高さ5ｍ程度で、中央に五所神社が祀ってあります。当時は乾燥していたか不明ですが、今は湿気があり住環境としてはどうか疑問です。

空海は15才で京に上り、18才で当時は日本に一校しかなかった大学で官学（儒教）を学び、19才で退学して、四国へ修行にきています。

24才のときに書いた「三教指帰《さんごうしいき》」にわざわざ地名が書かれた後記のくだりがあります。

・阿国大瀧嶽《あこくたいりょうのたけ》に躋《のぼ》り攀《よ》ぢ

・土州室戸崎《どしゅうむろとさき》に勤念《ごうねん》す、谷響きを惜しまず、明星来影す

前文の「阿国大瀧嶽」は、阿波の国の21番（大龍寺）の南の大竜寺山（６１８ｍ）を指しており、現在番外霊場の「舎心ケ嶽《しゃしんがだけ》」となっています。

後文の「土州室戸崎」は、土佐室戸岬を指しているので、信じるのに足ります。

空海の名前の由来は、諸説ありますが「無空」、「教海」と名乗った時期もあるという文献もあります。また司馬遼太郎の『空海の風景』を引用すると「洞窟から眺める水平線には、天と水しかない。宇宙はこの潮が岩をうがってつくった窓……」と表現しています。

洞窟より外を眺めると鳥居が額縁となり、出入り口のはるか彼方の水平線は、同じ青色

とはいえ空と海の境が区別でき、宇宙の彼方へ延びているように見えます。私は、先入観もありますが、「空海」の名前はここから発した説をとりたいです。

空海は、6世紀に日本へ伝来した仏教やその他の学問を短期間に習得したものの、自分の思いと何かが違うと感じ、それを求めて、この地で難行苦行して悟りを開いたのです。1200年前に、衣食住足りない状況下で、ここまで辿り着くだけでも難儀なのに、今の生活を基準に想像すると大変さが伺えます。さらに、後に遣唐使として留学し2年間という短期間に真言密教を習得できたのも、ここでの成果の表れといえます。

室戸岬の灯台のある高台からの太平洋の眺めは、330度見渡す限り、空と海の絶景が広がり、洞窟から眺める風景とがらりとかわりスケールの大きさを感じました。

●ポイント●

・洞窟で瞑想するために、時間は余裕をもって（通過する人がいる）

**錦の納札と対面**

四国88ヶ所の道程は、歩きで約1200㎞、車道で約1400㎞です。遍路道の方がショートカットできますので短い分、きつい坂が多いということです。結願後のお礼参りまで、健脚の人で約40日間、普通の人で約45日間、女性・年配で約50日間掛かります。27日間で計画している人に会いましたが、朝４時にはスタートして、１日40～50㎞歩行していました（早く回るということが、修行の要素に入っているかは定かでありませんが、自由です）。

観光バスツアーは、連続なら15日間でしょうが、普通は４回（県＝国毎）の区切り打ちが多いです。車なら10日間、自転車なら20日間程度です。女性および年配の方で、バスと電車を併用して30日間程度という多くの歩きお遍路に会いました。

遍路回数により「納札」の色が違います。４回まで白、７回まで緑、24回まで赤、49回まで銀、99回まで金、１００回以上が錦の色です。商魂逞しく、何回も参拝したくなるようなシステムを良く考えたものです。たしかに、メダルは光る色が欲しいのといっしょで、私も仲間から錦の納札をあり難くいただいたものの、回数による色違いは、大師信仰に相応しい制度か疑問を感じます。

私が会った最高は、１０３回目の70代のベテランで、たしかにこのクラスになると自分からは、宗教あるいは説教じみた話は一切口にしませんが、風貌から何かオーラを感じるものがあります。もちろん回数の多い人は車での参拝です。徒歩での最高回数は、31回目の男性（58才）で、四国中を転勤した都度、区切り打ちで参拝し、既に先達の資格を所持されていました。

宿に地方新聞の切り抜きが貼ってありましたが、７００回という方がいるそうです。……車でも10日間かかるのに、人生のすべてを参拝に捧げていました。このように回数にこだわる人は、全国各地に多数いるでしょう。私の自宅近くにある７００年前の山城（立花山）は標高４００m足らずですが、連続で毎日欠かさず、雨の日も風の日も登山している男性は、現在千数百日目です。仕事にせよ趣味にせよ、また人生に終わりはないのと一緒で〝継続は力なり〟という言葉を感じます。

※先達《せんだつ》：四国88ヶ所霊場会の案内人の資格で、最低４回参拝し、住職の推薦状を添付して申請。その後研修を受講し認められれば先達の資格が与えられます（階級がある）。

●ポイント●

・風貌からオーラを感じる人には、声を掛けるべし（納札をいただくときは、先に納札を渡すこと）

## 愚痴が多い

初心者同士の話題に多いのが、きつい・痛い・苦しいなどの愚痴や悪口です。例えば、あの宿はサービスが悪くひどかった、札所の受付は愛想がなかったなど。そのたびに住職、宿の主人から「それも修行の内ですよ！」とやんわりといわれました。しかし、５日、10日と時が経つにつれて愚痴は少なくなります。

終わりごろになると自分から「これも修行の内」と変化して、結願の頃は話題にもあがらなくなっていることを願っています。しかし山頂の２℃は夏服では寒い、肉刺ができても転んでも痛い、雨が降れば歩きにくい、坂道は荷物が重いのは事実で大変です（修行が足りない、まだまだガンバレ、ガンバレ）。

江戸時代は、１００日以上掛かって結願した記録が残っているそうです。時代と環境は変化しましたが、今は半分以下の日数でおまけに、毎日風呂に入りお腹一杯食べ、暖かい布団で休むことが当たり前のお遍路、弘法大師が見たらさぞびっくりするでしょう。

でも厳しい歩き遍路ではありますが、「四国病」と呼ばれるように、リピーターが多く１２００年も続いているのはそれなりの魅力があるからでしょう。私も、少しは愚痴が減りましたが、多少は呟きますので、まだまだ修行が足りません。土佐の国（修行の道場）で、私を含めお遍路仲間がどのように変化するのか楽しみです。

※四国病：お遍路病ともいい、辛く厳しいが再度訪れたくなる病です。スポーツあるいは趣味に、この手の病はたくさんあります（１００キロウォーク仲間では、「アルチュー」と呼んでいます。アルコール中毒ではなく「歩く仲間」、「歩く中毒」です）。

●ポイント●
・愚痴が減って半人前、なくなって修行の始まり
・お遍路は「非日常的」な生活と理解すれば納得

**お接待とは**

路地裏の遍路道を歩いていたら、後から、
「お遍路さーん」
と声がするので、立ち止まり待っていると、老婆が息を切らせて、
「上の方の家からお遍路さんが見えたのですが、足が速くて追いつきませんでした」

といいながらお茶とお菓子を差し出されました。わざわざ杖を付きながら追っかけてまでいただいて本当に恐縮でした。

お礼を言い納札を渡すと、

「福岡ですか、私の主人が福岡勤務のときに住んだことがあります」

と、意気投合して現在の福岡市の人口増加、町並みの変化について話すと、にこにこしながら懐かしそうに聞いていていただき、少しはお返しができたように感じました。このようなお接待を、数多くを受けました。

お接待については、奥深いものがあり、サービスやボランティアあるいは都会の街頭のティッシュ配りとは違います。内容も金銭面・飲食物・宿泊・休憩・車など多岐にわたります。私が会った住職・宿の主人・納札を差し上げた本人などの情報をまとめますと、

・元々弘法大師信仰が強く、お遍路がお大師さま（金剛杖）と同行二人で修行していると認識しているので、お大師さんにお供えする宗教的な意味合いがある。

・苦行しているお遍路への思いやりの恵として、また応援したくなる心の表れ。

・お接待することが功徳を積むことになる。

・体調が悪くお寺参りができないなど、身代わりとしてあるいは、日頃のお参りをお遍路に託してお願いする。

このような理由から自然発生したと考えられます。

いずれにせよ、修行僧の乞食《こつじき》（托鉢みたいなもの）のお経のお礼として、渡していたものが、形を変えて1200年も継続しています。おそらくここまで、習慣化しているところは他に無く、勝手ではありますが消したくない文化です。始めてのお遍路で、まず驚き感動するのがこの「お接待」です。

●ポイント●
・お接待は断らないのが原則で、素直に受ける
・車のお接待は、やんわりと丁寧にお断りすれば、理解していただける
・お接待を受けたら、お礼に納礼を渡し次の礼所でその人の分までお参りする

**お遍路劇場（お接待文化は継承される）**
家の疎らな集落を歩いていると、突然、子どもの声がしました。
「おへんろさん、おへんろさん」
振り向くと、

「おへんろさん、あのね、お母さんがおへんろさんに、お茶をあげるから、そこで待っていてね！」

４才ぐらいの男の子が話しかけて、すぐ近くの自宅へ消えました。しばらくして若い母親と一緒に出てきて、

「はいこれ食べてください」

とお菓子の入ったビニール袋を渡されました。

「ありがとう、おじさんは新米お遍路だから、白いお札をあげよう」

と渡すと、小走りで母親へ持って行き、渡しました。しばらく雑談して、お礼をいって歩き出すと

「おへんろさーん、がんばって！」

と手を振る子どもに応えて、何度も頭を下げて、ほのぼのとした親切と旅情を味わいながら次の札所へと歩を進めました。これが１２００年続いている原点であり、お接待の教育があるわけでもなく、親の背中を見てお接待文化が継承されていることに気づきました。

このような出来事にコメントを付けたメールを旅立の日から終了まで53日間、家族と数名の知人へ写真2枚程度添付して「お遍路劇場」と称して発信しました。

お遍路に興味のある知人からの、道中経過を知らせてほしいという要望に応えることと、

オープンにすることにより「結願」というプレッシャーは掛かりますが、自分の旅日記にもなると思い、始めました。毎日夕食前に原稿を携帯電話（スマートフォン）に入力して発信しました。

最初は、毎日報告することがあるのだろうか、後半は疲労困憊《こんぱい》のため無理だろうと思いましたが、一日歩けば日常と違うことや絶景や感動がありネタには困りませんでした。また、後半は、寺などで休憩中に携帯に原稿をストックしていたので、毎日欠かさず発信できました。一日に原稿用紙1枚ぐらいですが、このメールのおかげで副産物としてこの本ができ上がりました。

毎日数名の人から、応援・激励・不明なことの調査事項の報告などの返信があり、いろいろな場面のきついときには励ましになり、次へ気持ちよく歩を進めることができました。後半に、「定年したら、ぜひ四国を歩きたい」と、数名から返事がありました。そのときは、角度の違う目線あるいは違う切り口で情報を発信していただける日を楽しみにしています。

●ポイント●

・日誌代わりにもなるので、文明の利器は活用すべし

## 築１６０年の古民家に泊まる

26番（金剛頂寺）を打ち、番外（不動岩）からキラメッセ室戸鯨館で捕鯨の歴史を学び、室戸市吉良川に着きました。ここは藩政時代より林業が盛んで明治初期になると木炭（備長炭）を産出していました。当時の豪商の面影が残る歴史的町並みとして、十数軒が「重要伝統的建造物群保存地区」に選定されています。台風が多い地区のため屋根瓦は右屋根と左屋根の瓦の向きが違います。台風の風雨は東から吹くので、瓦同士の重なりを風下に持ってくることにより、雨水の浸入を防ぐことができるのです。建物に向って「へ」の字を書けるのが右瓦、逆「へ」の字は左瓦です。壁は塩分を含む土佐漆喰で、途中に台風時の横雨を防ぐ「水切り瓦」が数段

吉良川の築 160 年の町並み

突き出ている特徴のある白壁です。

本日宿泊の池田家の敷地内には、2階建ての母屋、離れ座敷、納屋、蔵、中庭があり、当時の吉良川が繁栄した面影と、先人の知恵と技術が残っています。築160年が経過しているうえ、文化財のため勝手に補修できず維持管理に大変苦労しますと主人がこぼしていました。現在は蔵の一部で軽食喫茶店「蔵空間茶館《くらくうかんさかん》」と、当時の母屋でお遍路宿を経営されています。

宿泊客は、大阪の区切り打ちの男性と2名でした。天井がない木造の蔵の喫茶店は音響効果抜群で、ステレオ音楽を聞きながらの夕食で、しばし旅の疲れを忘れさせてくれました。

しかし、3月中旬とはいえ、夜は3℃とたまたま冷え込み、築160年の家屋は雨戸が閉まらず、襖の隙間からスースーと風が入り、おまけにトイレが外にあるので大変でした(修行ができている人は寒くないそうです。私は寒かったです)。

でも朝食は久し振りの洋食で、食パン3枚を平らげて、久しぶりの一杯立てのコーヒーには本当に癒されました。

一日に30㎞程度歩くと、3000キロカロリー(普通は2000キロカロリー)は必要ですので、通常は朝・夜ともご飯3杯は食べます。5回目のお遍路仲間は、初回のとき7

kg痩せておまけに糖尿病の薬も不要になり健康を自慢していました。私は３kgしか痩せませんでしたが、体脂肪率がウォーキングする前は20％を超えていたのが現在は13％を維持しています。

**●ポイント●**
**・大半のお遍路が、痩せてスマートになる（帰省後のリバウンドに注意）**

## 人生もお遍路も山登り

「お遍路は　山あり谷あり　わが人生と同じと思えば　また楽しからずや」の文字が遍路道、休憩所に良くあります。この言葉の気持ちも分かるようになり、歩き旅の面白さが日に日に増してきました。

吉良川の外れの国道から１００ｍ程山手側にある旧道を歩いていると、歌声が聞こえてきました。たしか、美空ひばりの歌？　近くまで行くと縁側で日向ぼっこをしながら、歌っている男性（72才）がいました。私に気付くとピタッと歌を止めたので、声を掛けてしばらく雑談しました。老人会主催のカラオケ大会が近々あるので、日頃は浜辺で練習をしているが、今日は風が強く肌寒いので家で練習されていたようです。

「先程の歌　上手ですね！　ひばりの歌ですね、私もその年代です。聞かせてください」

「♪細く長い道　地図さえない　終わりのない人生　川の流れのように……♪」

今まで人生という山に、紆余屈折・喜怒哀楽を伴いながら登り、定年というターニングポイントを過ぎて、まさしく人生の山から下山途中です。

山に登るときはきつくて降りるときは楽ですが、転倒・滑落など危険な要素がたくさんあります。また体重が膝に掛かり筋肉痛になったり、踏ん張りが利かなくなります。しかし、登るときよりは降りるときのほうが、視界が開けて遠くが良く見えます。今人生を振り返ると、老いと病の危険性は増してきましたが、世の中が良く見えるようになったと感じます。

清流の流れに沿って不要の心の荷物を捨て、新しい感動を得ながらここまできました。今から緩やかな汽水域を経て、誰も避けられない大海（終焉）に向っています。

問題は、この汽水域をどう流されるか、泳ぐか、です。一気に大海に流れ込む川もあれば、四万十川のように、河口を行ったり来たりと、海水と混ざりながら、注ぎ込むような川もあります。

たしかに古稀を過ぎると未来が狭くなり、過去が膨らんできますので、膨らんだ不要の荷物を捨てる代わりに、「小さな夢」の必要性と意義を、最近強く感じるようになりました。何事も大小は別にして「目標」あるいは「夢」がなくなれば、終焉が近づいたときかも知れません。人生の寿命、与えられた生命を延ばそうとは思いませんが、しかし、健康寿命（健康年令）は、男性で71才なので、これは常々延ばしたいと思っています。いかに〝ピンピンコロリ〟といくかが、今後の最大の課題です。お遍路にせよ、この歌にせよ、まさに我が人生と重なっています。

旅の郷愁にぴったりの歌が終わり、拍手して、「ありがとうございました、元気が出ました。白い納札ですが受け取ってください」と差しだし、頭を深く下げて、誰もいない遍路道へ歩を進めました。

物を伴わない最高のお接待でした（旅番組なら、ここは最高に良いロケーションだなぁと白装束のお遍路が、呟きながら次の札所を目指していきました）。

●ポイント●

・声を掛ければ、感動と知識の泉が待っているときもある

## お遍路13日目「中岡慎太郎の俊足にびっくり」

■弘法大師御霊跡⇩高知県安芸郡北川村（中岡慎太郎館）⇩27番（神峰寺《こうのみねじ》）⇩宿泊：遍路宿（浜吉屋：高知県安田町）

安芸郡奈半利町より山間部へ7㎞奥、村営バスで20分の柚子《ゆず》で有名な北川村に行きました。幕末に庄屋に生まれ、武市半平太（1829～1865）に武術を学び、坂本龍馬（1836～1867）の盟友で激動の幕末に身分を捨て脱藩（1863）し、名を変えさらに薩長同盟に奔走し、日本の夜明けを待たずして龍馬と共に近江屋で散った中岡慎太郎（1838～1867）の生家と記念館があるところです。

僅か30年の短い生涯でしたが、維新回天に命を燃やし、己の信念を曲げず、大道を駆け抜けた慎太郎の気骨が良く分かりました。

驚いたのは、京都から山口間の約500㎞を一週間で移動していることです。これは日誌の日付から確認できるので正しいと思いますが、当時は草鞋で道も良くない、健脚とは呼ばれていたらしいです。仙人並みの体力で想像の域を脱し得ません。

私も100キロウォークは6回完歩しましたが、休みなしでベスト17時間程度、完歩後は、潰れた肉刺と足腰の痛みで、数日間は何もできません。さすが龍馬と肩を並べる人物、体力もなければ脱藩も夜明けの改革もできなかったのでしょう。歴史に興味のある方は、ぜひお薦めします。

中岡慎太郎像が室戸岬の国道55号線沿いにありますが、24番（最御崎寺）へ行く遍路道が手前にあるので、先に行くか、あるいは参拝後に室戸岬灯台から下りれば、銅像のところにでます。

●ポイント●

・幕末の志士に興味ある人は、坂本龍馬記念館（高知市桂浜）・龍馬歴史館（香南市野市町）・武市半平太記念館（高知市仁井田）などがある

## お遍路14日目「赤岡で絵金に出会う」

■寺なし……（安芸市《あきし》）⇩（香南市《こうなんし》）⇩宿泊：民宿（香南市赤岡）

香南市赤岡の宿は、子どもの独立を機会に空き部屋を活用して、お遍路宿として数名のお世話をしている完全な個人経営の鉄筋3階建ての民宿でした。家庭的で食事も酒が何杯も進むおかずの量で、おまけに一般のお遍路宿と同値段で最高のお接待に会いました。女将さんに近辺の名所旧跡を訪ねたら、すぐ近くの遍路道から横へ100m程度の絵金蔵《えきんぐら》を教えていただきました。

遍路道の近くですが、協力会の地図には掲載されていません。築100年以上の酒屋の蔵を改造した美術館です。名前と場所は記憶にありませんでしたが、中学か高校のときに美術の本で観た記憶が蘇りました。水銀朱の泥絵の具と圧倒的な筆の勢いで描かれた迫力ある本物の金蔵の絵に絶句しました。

弘瀬金蔵（通称：絵金）は、1812年高知の城下町で髪結いの子として生まれ、子どもの頃から絵の才能で評判となり、18才で狩野派の絵師に従事して帰国後、土佐藩桐間家の御用達絵師になりました。ところが、贋作事件に巻き込まれて城下追放となり、赤岡の酒蔵で描いた完璧な屏風絵23枚が残っています。常設展示は実物2枚で残りは絵が痛むので複製で、7月の「土佐赤岡絵金祭り」のとき以外鑑賞できません。

自分の体力と足の都合で、たまたま赤岡に宿泊したので、絵金に出会えましたが、前後に宿泊したら通過したに違いありません。これも何かの縁です。絵心のある人は、必見の隠れた美術館です。

●ポイント●

・香南市赤岡のJR赤岡駅近くで、遍路道より左側へ100m

**お遍路15日目**

■28番（大日寺《だいにちじ》）⇩29番（国分寺《こくぶんじ》）⇩30番（善楽寺《ぜんらくじ》）⇩宿泊：ビジネスホテル（高知市）

# お遍路16日目「四国の政治家」

■31番（竹林寺《ちくりんじ》）⇩27代浜口総理大臣生家⇩32番（禅師峰寺《ぜんじぶじ》）⇩浦戸大橋⇩桂浜（龍馬記念館）⇩33番（雪蹊寺）⇩宿泊：門前宿（高知屋）

ペギー葉山の「南国土佐をあとにして」の歌詞にある「かんざし買った坊さん」のゆかりの31番（竹林寺）を後にして、下田川の堤防沿いに上り、集落の入口にきました。道路脇の、縦横1m弱の古めかしい看板に気付き、よく見ると集落の家の配置図が書かれていました。その内の一軒だけにかすれた手書きの文字で「浜口家」と記載してあり、後は何のタイトルもコメントもありませんでした。人声のする民家に寄って尋ねると、

「ご存じないですか？　浜口総理大臣の生家ですよ、すぐそこです」

と教えていただきました。たまたま農家の夫婦でイチゴの箱詰めをされており、お接待として一パックいただきました。朝晩の食事には果物はほとんどでないので、久し振りの

イチゴ、それも採れたてで何物にも代えがたく美味しくいただきました。

（物知り博士ではないので、歴代の総理大臣の名前を全部覚えていませんと呟き……。）

納札を渡し丁寧にお礼をいって、27代（１９２９）総理大臣「浜口雄幸《おさち》」の生家記念館に向いました。

木造の立派な家で当時の勉強部屋などが復元されて関連の資料が展示されていました。面白かったのは、林業を生業《なりわい》としていた永口家に生まれて、幸雄《ゆきお》と命名したが父が役所に出生届を出しに行くとき､酒を飲み酩酊状態で逆に雄幸《おゆき》と届けてしまったということです。後に浜口家の養子になり姓が変わりました。昔の出生届けは、ふりがなを付けてなかったということを聞いたことがあり、これに類した話は他にも聞いたことがあります。

政治の好きな人のために、四国の主な政治家の生家あるいは記念館が、遍路道沿いにありますので列記します。

66代総理大臣「三木武夫」の生家は、阿波市板野の7番（十楽寺）を過ぎると人家の疎らな遍路道沿いに、木造平屋の家屋があり、三木の表札が斜めに掛かり、家の横に当時の選挙用看板が無造作に残っていました。

板垣退助、後藤象二郎など土佐の偉人関連については、「自由民権運動記念館」が高知市桟橋通にあります。

45代総理大臣「吉田茂」は、東京出身ですが、父が39番（延光寺）を過ぎ海に出た宿毛市《すくもし》の出身の関係で選挙区は高知県になっており、地区の人は父同様に地元の偉人として尊敬しています。

吉田茂は、実業家で政治家の竹内綱《たけうちつな》の五男として生まれ、3才のときに実業家の吉田健三の養子になりました。

宿毛市の遍路道沿いに「宿毛歴史館」があり、宿毛出身の政治家・実業家・文化人の多くの資料があります。

68代総理大臣「大平正芳」の出身は、香川県観音寺市坂本町で、69番（観音寺）から2km程度の遍路道から少し入った場所にあります。

## 恐怖の浦戸大橋

32番（禅師峰寺《ぜんじぶじ》）から33番（雪蹊寺《せっけいじ》）へ行く方法として、県営のフェリーに乗れば5分で対岸に着きます。他の方法は、5km程度遠くなりますが浦戸大橋を渡って桂浜経由があります。昨年は風が強いので危険であると聞き断念しましたが、今回は天気も良くお遍路とは関係ありませんが、以前行った坂本龍馬記念館・龍馬像・桂浜を散策するため橋を渡ることにしました。

橋は、１９７２年に完成、延長１５００ｍ、中心部の高さ50ｍ、車道は片側1車線で幅6.5ｍ、歩道は両側にありますが幅が75㎝と狭く歩行者および自転車も通行可能です。太鼓のように真ん中が膨らんでいる太鼓橋で、入口から真ん中までは上りになっており、対向車が見えにくい。橋の終点で左側の歩道から桂浜へ抜ける遊歩道に繋がっているため、左側（海側の歩道）を選択しました。

橋の手前は風が吹いていませんでしたが、中間付近は菅笠が被れないほど強い風が吹いていましたので、菅笠を取りました。建設当時は、フェンスが無く投身自殺者が多かったので、今は、３ｍほどの返し付きフェンスが設置されて、投身または風が吹いても落下の心配はありません。

しかし問題は、歩道が狭いので風のために、歩行者が車道側に倒れた場合は、車に跳ねられる危険があることです。人が中間部の少し先付近を歩いていたら、運転手は太鼓橋のために発見が遅れまた霧の日は見えないと思います。

反対側に自転車を押している人を見ましたが、歩道が狭いため自転車同士の離合は歩道上ではできません。近道ではあるがこれまた狭い歩道危険極まりないです。落ちないと分かっていても、高所恐怖症の方は止めた方が良いです。

●ポイント●

・坂本龍馬記念館（桂浜）に寄るなら、意を決して橋を渡ること

## お遍路17日目「命がけのお遍路」

■34番（種間寺《たねまじ》）⇩35番（清瀧寺《きよたきじ》）⇩36番（青龍寺《しょうりゅうじ》）⇩宿泊：国民宿舎（土佐屋）

35番（清瀧寺）を過ぎ、頂上（標高２００ｍ）まで３㎞程度の塚地遍路道があります。昔は宇佐湾で取れた鰹節を高岡（土佐市）へ運んでおり、当時の漁民も塚地峠で故郷の宇佐湾の絶景を眺めて休憩したことでしょう。

下り口に小さな墓石（石碑）があり、「天明」と微かに読み取れます。たしか江戸時代か？志半ば、ここで死ぬとは残念だったでしょう。おもわず手を合わせました。

昔はお遍路が死んだら、白衣は「死に装束」、金剛杖は上の方が卒塔婆《そとば》の形をしているので「墓標」となり、その上に菅笠を被せて雨を凌いだといわれています。

地獄の沙汰も金次第、三途の川を渡るのに六文銭が要るように、亡くなったお遍路に残り金があれば、墓石を建ててやったという話も途中で聞きました。

　今は、食べ物・履物・着る物さらに病院も数多くあり、緊急のときは携帯電話もあるため死ぬようなことはありません。

　はたして修行と呼べるか問うてみました。お遍路は私たちの年代が多数を占め、人生のターニングポイントとしていろいろな目的を持った人がいます。身内の死に直面した人、仕事に疲れた人、心の病で何かを見つけたい人など精神的な面の人もそれなりに一所懸命です。また、肉刺ができ足を引きずって歩く人、脳梗塞で一部不随が残りニトロ持参の人、腰痛に耐えるためノルディックポールを使用して歩く人、高齢のため1日15km程度の人など体力的にハンディを背負って頑張っている人もたくさんいます。やはり今の世の中でも、千数百キロを歩き通すのは半端な気持ちではできないので、現代版歩きお遍路も「修行の内」と納得しました。

途中で息絶えたお遍路の墓石

※（卒塔婆《そとば》）⇩仏塔のことで、一般的には追善供養のために経文や題目などを書き、墓の後に立てる塔の形をした木片。

●ポイント●
・現代のお遍路で死亡の話は聞きませんが、交通事故と谷への転落の危険は想定内

**初鰹は美味しくない**

四国は食べ物の宝庫で、関西の台所と呼ばれ、海産物・野菜・果物と多数あります。徳島の阿波尾鶏《あわおどり》・鳴門金時、土佐の鰹・辛口の酒、愛媛のみかん、香川のうどん、各地で取れる文旦《ぶんたん》など、道の駅で地元の名産を食べるのも楽しみの一つです。

うどんは好物ですが、昼食時間帯にうどん屋になかなか遭遇しません。しかし後半の讃岐の国（香川県）は、比較的に繁華街を通るので、うどん屋が遍路道沿いに仕込んでありま す。素うどんに天ぷらのトッピングを山盛りにして、５００円もあれば昼の分の炭水化物を十分に補充できます。

珍しい軍隊パンが、75番（善通寺）の門前にある熊野菓子店にあります。堅くて食べる

というより舐めるという方が適しています。私も子どものころは、梅干を歯で割り、中の種子を食べていましたが、そのぐらいの硬さですので、入れ歯の方は無理でしょう（最近の子どもは梅干の種子を歯で割って、食べられることを知っているだろうか）。

土産と思い10個程購入しましたが、歯ごたえがあり美味しかったので、道中ですべて食べてしまいました。この菓子は北九州の八幡製鉄所にも溶鉱炉担当の栄養補助食として作られたものが、今でもあります。日持ちが良いので、おそらく、戦時中に軍隊の食料として作られたのが初めと思われます。

土佐の宿の夕食には、鰹のたたきが良くでます。〝目に青葉 山ほととぎす　初がつお〟と詠われているように、初鰹（春鰹）は美味しいものと思っていました。

宇佐湾の漁港で網の修理をしていた老人が話してくれました。土佐市の宇佐湾は鰹の漁港で有名で、今大型船は南方に春鰹（初鰹）を取りに行き、九州の港に陸揚げしています。土佐湾（宇佐湾の外海）の沖を北上するのは4～5月で、大きさは1.5kg程度で身がやわらく脂はのっていません。しかし戻鰹《もどりかつお》（秋鰹）は10月頃で太って脂ものり、非常に美味しいそうです（土佐湾と宇佐湾は別です）。

鰹は、独特の臭いと食感が柔らかいので嫌いな方もいますが、土佐の辛口の酒に生姜醤油を付けて肴にすれば何杯でも進みます。鹿児島の「鰹通」になると、腹皮（腹の部分）

の脂がのった部位が最高に美味しいといいます。焼いてもフライでもよし、芋焼酎の肴として最高です。欲をいえば〝しび（キハダマグロ）〟の方がさらにランクが上になり絶品です（まだまだ修行の身ですので、胃腸の消毒程度の量で我慢しています）。

## 移し霊場もご利益は同じ

36番（青龍寺）の手前1㎞ぐらいの道路の右側の斜面に、石仏が数メートルおきに、門前まで続いています。良く見ると1番（霊山寺）から88番（大窪寺）までありました。最初は何気なく見て通り過ぎましたが、これに類似したミニチュアが80番（国分寺）の境内、88番（大窪寺）の大師堂の地下、高野山の奥の院、さらに別格4番（鯖大師本坊）および76番（金倉寺）には、四国88ヶ所霊場の砂を持ってきて、「お砂踏み」と称して、その砂の上を歩けば、いずれも88ヶ所霊場（札所）を巡拝したのと同じ功徳が得られて、願いも叶うといわれています。これは四国88ヶ所霊場を任意の場所に移したもので、直接参拝できない人にとってはありがたいことです。

香川県の小豆島四国88ヶ所霊場（１５０㎞）、愛知県の知多四国88ヶ所霊場（２００㎞）、福岡県の篠栗四国88ヶ所霊場（50㎞）は、日本三大新四国霊場と呼ばれ参拝者も多いです。

私の自宅から車で30分の篠栗四国88ヶ所霊場の1番（南蔵院）は、一億円の宝くじが当たり、そのお金でブロンズ製では世界一の涅槃像を建立して、宝くじ祈願でも一躍有名になりました。

概要は、88ヶ所で50㎞ですが、山岳コースのため3日は掛かります。半分程度がお堂だけで、御朱印帳の墨書きは27ヶ所で後はスタンプです。また寺番号はありますが、順番ではなく不規則です。

それでも時間のない人、体力のない人、資金的に乏しい人にとっては、結構厳しいコースですが、短期間の参拝でご利益が同じなら参拝の価値はあります。

自宅近くにある興雲寺の横が毎日のウォーキングコースで、最近境内に入って気付きましたが、移し霊場がありました。30m足らずのコの字型に四国88ヶ所霊場が刻まれた石仏があり、1番から88番までの番号とご本尊（弥勒菩薩など）名と仏様の像および奉納者の氏名が彫られています。最近は、境内をショートカットして一括で88ヶ所のお参りが日課になりました（一礼で88ヶ所ですよ……心の問題です）。

このように全国各地には、四国88ヶ所霊場だけでなく、西国三十三ヶ所霊場などのミニチュア版の「移し霊場」が多くあります。

**●ポイント●**

・日頃から気を付けて歩けば、地方の境内にも移し霊場はある

## １日のスケジュール

人によりまた日によって若干の違いがありますが、以下のようなスケジュールです。

５時に起床してストレッチ体操、洗顔後に天気の良い日は日焼け止めを塗り、足のケアー（テーピング）を行い、衣服を着用してから前日リュックより出した荷物の収納を行います。天気の確認と遍路道および途中の昼食をどうするかを確認して、６時から食事開始しそして６時半には出発します。

寺の納経所の開閉は、７時から17時までなので、近辺の寺のお参りは時間があれば、前日に済ませておきます。昼休みのある札所もあり、また17時を少しでも過ぎたら御朱印をいただけないところもあるので、お遍路仲間の情報が必要です。

同じ速度の仲間あるいは気の合った仲間がいれば同行します。１日に30㎞の予定なら３分２の20㎞を午前中に済ませると、残りが見えてきて午後が楽になります。

昼食は、宿のおにぎりまたはコンビニで調達して、札所またはお遍路休憩所でとります。善根の休憩所がおおむね10～15㎞程度の間隔であります。問題は雨の日に休憩所がないときで民家があれば軒先を借りますが、ない山間僻地は、休憩もろくにできません。

16時前後を目標に、遅くとも17時には宿に着くようにしています。女性あるいはご年配の方で、遅くなり懐中電灯を照らし、夕食の時間に宿に到着する方も何人かいました。

宿は通常15時以降は風呂が沸かしてあるので、入浴と同時に洗濯機を回し、風呂から上がるとき乾燥機へ入れます。その後、明日のルート確認、宿の予約、家族知人へのメール、メモ帳への記入などをします。18時から食事しながら、宿の主人あるいはお遍路仲間との情報交換をして21時には就寝します。

日頃はテレビ、新聞は習慣としていましたが、慣れたら朝夕の食事のときに見るぐらいで、必要ありません。天地異変・重大ニュース・株価情報などは、スマートフォンが教えてくれます。非日常的な生活に慣れる余裕がないと、お遍路の良さは半減します。

●ポイント●
・朝は早めに、午前中に3分の2歩く
・非日常的な生活に慣れるのも、修行の内

## お遍路18日目

■別格５番（大善寺《だいぜんじ》）⇩宿泊：旅館（須崎市）

## お遍路19日目「雨の遍路道は沢になる」

■そえみず遍路道⇩37番（岩本寺《いわもとじ》）⇩宿泊：美馬旅館（四万十町）

釣りバカ日誌のモデルのいる須崎市を、浜松市出身の男性（62才）と同行しました。黒潮町へ抜ける遍路道は、江戸時代の土佐往還そえみず遍路道と明治の大坂遍路道の２本がありますが、昨夜は雨が降っていなかったのと朝方も小雨だったので近道の後方を選択しました。

峠の手前３㎞程度の所まできたとき、土砂降りになり危険を回避するため、情報として聞いていた国道へ逃げて２㎞ぐらい遠回りしました。頂上付近（標高３００ｍ）で休憩しているとき、靴がずぶ濡れのお遍路仲間に会ったので、状況を聞くと最後の３００ｍが大雨で沢になり大変だったそうです。

遍路道は、何百年の間お遍路たちにより、僅かずつではありますが、踏み固められて道が少しずつ低くなっています。それがU字型の側溝のようになって、周りに降った少しの雨でも、遍路道へ流れ込み沢になります。ここに限らず雨上がり後も、泥んこ道、石がむき出しで不安定な足場、がけ崩れなど、慎重に歩行しなければならない場所に何度か遭遇しました。

2人の判断は正解で、このようなときは、道連れがいると助かります。急がば回れとはよくいったものです。濡れるだけならまだましな方で、転んで怪我でもしたら何のための遍路修行なのか意味がなくなります。

雨もやみ「道の駅あぐり窪川」でアイスクリームを食べながら休憩していると、ツバメが飛んでいました。3月下旬、まだ早いような気がしましたが、越冬ツバメか、飛来して

雨の日は沢になる

きたツバメかは不明でした。

私もそうですが、数人が巣作りのツバメに携帯電話を向けているのを見ると、世の中の変化を感じるのは、この年代だからでしょうか。

ツバメを見るたびに思い出すことがあります。小学6年ぐらいのときに、中学の先輩が小枝をツバメに投げたところ、見事に命中して落下させました。それ以来〝ツバメ返しの先輩〟と呼ぶようになりました。

今なら携帯に写真が撮れるでしょうが残念。後にも先にもこの伝説は、佐々木小次郎以外に聞いたことがありません。今考えてみると小枝が少し曲がっていたので、ブーメランのように曲がり、ツバメも予測が付かずにかわしきれなかったと考えられます。

●ポイント●
・雨は最大の難題。天気と遍路道情報は、必ず確認する

**土佐は「お接待」が少ない**

ある宿で、夜6時過ぎの食事中に女性が玄関から大声で、

「今晩は、道に迷い遅くなりましたので、食事を先にお願いします」

といって、食堂へ。

「ビール２本！　後でお酒もお願いします」

と珍道中の元気な還暦ぐらいの２人連れでした。

途中の会話で、

「今日は、お接待がなかったなー、疲れたー」

の発言に対して、皆もムッときたみたいで、すかさず主人が、

「お接待は、要望するものでも、期待するものでもありません」

と説教しました。

私たちのテーブル４人の内の１人が、

「主人のいうことは正しいが、土佐にきたらたしかに少ないと思いませんか」

と言いました。たしかに私も感じてはいましたが、口に出すほどのことでもないと思い話しませんでした。

おそらく土佐は、札所が16ケ所と少ない割には、距離が６００㎞と長く、おまけに、車しか通行しない国道を歩くことが多く、路地裏みたいに人との接触が少ないと私は理解していたつもりです。

某宿に宿泊したときに、支配人が地元でなかったのでこの問題を投げかけたら、土佐は江戸末期に脱藩者が続出したので、藩外への出入りを厳しくして一時的にお遍路も禁止していたのも影響しているのではと、教えていただきました。たしかにこのような文化は、親から子へ子から孫へと背中を見て伝承していくものだから、一時的に途切れれば文化の継承が薄れていくのは、仕方の無いことでしょう。決して土佐の人たちが冷たいのではないと思います。

旅の後半で教えていただきましたが、明治維新の神仏分離令（１８６８）で、特に土佐藩は廃仏毀釈運動が他藩よりも激しく、寺数が６１５ケ寺から１６７ケ寺に減少したそうです。歴史の波に翻弄《ほんろう》されて、一時的にお遍路も途絶え、それに伴い文化も薄れたのも一つの要因でしょう。

●ポイント●

・お接待は、催促しない、期待しない（だからいただいたら感動が大きい）

## お遍路20日目「四万十川の清流で一服」

■寺なし……黒潮町⇩四万十市⇩宿泊：民宿（四万十市）

37番（岩本寺）から足摺岬の38番（金剛福寺）まで約90㎞一番長い距離で、途中は番外霊場しかありません。37番（岩本寺）の四万十町（旧窪川町・大正町・十和町が合併）から標高３００ｍの片坂峠と他に数キロ程度遍路道を通れば、後は国道56号線あるいは旧国道の舗装道路で道に迷うこともなく、その分距離も稼げます。

黒潮町に入り、明治のレンガ造りの健全な状態で残っている、熊井隧道（90ｍ）を過ぎれば土佐湾が再度見えて四万十市に入り一泊目です。この間に遍路宿はたくさんあるので自分の足に合った宿が、１人ぐらいは何とかなります。

20日目は、四万十市（旧中村市と旧西土佐村が合併）に宿泊し、21日目はご褒美の中休みのため、レンタサイクルで半日市内見学しました。

今から５５０年余前に公家大名として一條氏が１００余年治め、京都に擬《なぞら》えて造られた町並みは土佐の小京都と呼ばれています。祇園・京町・鴨川・東山などの地名も残り、藩政時代は山内一豊の弟（康豊）から中村藩へと継がれ、戦災にも遭わず時の面影が偲ばれます。歴史散策の好きな者にとっては、歴史の足跡が点在する見所満載の風情ある町並みが多く残っています。

四万十川は総延長１９６㎞、海水と淡水が交差する汽水域が９㎞あり、ダムが無いので雨が降れば濁流になるため、今でも沈下橋が47ヶ所残っています。

明治末期から昭和30年代まで、上流から木炭を運び下流から生活物資を運ぶ、舟母《せんば》（帆掛け舟）が、１００隻以上いましたが、現在は観光用に数隻と川魚の漁業用に残っているだけで、繁栄期の面影はありません。

本日が川開きの個人経営の舟母に乗り、のんびりと清流を舐めるような風に吹かれて、

四万十川の舟母

土

船頭歌を聞きながら遊覧しました。船頭から「四万十」の名前の由来は、支流が四万あるからついたと聞きましたが、観光案内所では、アイヌ語で大きい川のことをシマヌタという説明を受けました（諸説あり）。昨年の台風の大雨による水量で、川越の高さが10m以上ある電線にビニールの破片が引っ掛かっていたのには驚きました。

緩やかな川面の横には、１０００万本の自然の菜の花が満開で、さらに後2～3日で桜の開花宣言、まさに春爛漫真っ盛りになることでしょう。また市内の区画整理された、一條神社周辺、安並水車の風景は心癒す場所でした。平坦な道路は、自転車でも苦にならない半ドン（半日休暇）でした。

※舟母⇩明治末から昭和30年頃まで、四万十川の上流から河口へ木炭を運搬していた白い帆掛舟。

●ポイント●
・四万十市も1日分の散策時間が必要。時間があれば遊覧船へ

**21日目**

■寺なし……四万十市⇩土佐清水市⇩宿泊：遍路宿（久百々）

## お遍路22日目「3日間で90キロ・心の遠足」

■38番（金剛福寺《こんごうふくじ》）⇩足摺岬⇩宿泊：ホテル（足摺岬）

四国遍路の中興の祖といわれる、真念（〜1691）が建てた遍路宿の跡地にある番外霊場の真念庵を参拝しましたが、納経所の係りが不在のため再度打ち戻りのときに寄ることにしました。

ドライブインで休憩していると、バスから30名程度の客が降りてきて軽装で歩き始めました。数人が寄ってきて、

「歩きですか、どこから、今日はどこまで、何日の予定ですか……」

といろいろと質問してきました。

しばらく話しながら歩いて、聞くところによると、

高知県の歩きバスツアーで、春と秋の日曜日に日帰りで一日に20㎞程度歩き、2年計画

で結願を計画されていました。今は高速道路も整備されているので、朝出て昼間５～６時間歩いて帰途に着けば可能なのでしょう。宿泊代はいらないのと仕事を持っている人でも参加できるので、需要があるそうです。年齢層は結構広く大半は女性で、歩けなくなれば後からついてくるバスに乗れるそうです。でも90㎞あるこの区間だけでも、４回（日）は必要で、自己都合により欠席したらどうするのだろうか？（こだわらなかったら、少々飛ばしてもよし。そこが四国のお遍路の良いところ、自由です）。

いろいろと質問してきたのは、歩きお遍路に興味があり、いつかは１人で連続通しで歩きたいという人たちでした。

この辺の海岸線沿いは風光明媚で、紺碧の海と初夏の青葉のコントラストの絶景には絶句し、何度も〝歩〟を止めました。国道からところどころショートカットの遍路道を通り、大岐海岸の潮風に吹かれて砂浜を歩き、なるべく車の少ない旧道を歩いて90㎞、心の遠足の終点が近づきました。

歩き始めの頃は、背中の荷物を重たく感じていましたが、ここまでくると不思議にもリュックもポールも体の一部に感じるようになりました。高僧が厳しい修行により悟りを得ると聞きますが、なんとなくそれが理解できるようになりました。

３日間の遠い道程でしたが、体力のみで歩いたら参ってしまうので、「足と心」で歩く手法を会得しました。

例え体力が残っていても、心が折れてしまうと歩けなくなってしまいます。１００キロウォークの参加者でも、まだ十分に体力があるように思える人が、次々にリタイアしてしまう姿をよく見かけました。逆に、体力は限界に近づいていても、心が前を向いていれば、足を前に進めることができるのです。

四国最南端足摺岬の38番（金剛福寺）に着き、まずは久し振りにお大師さまに会い、いつもより時間を掛けてローソク・線香をあげ、真言・お経を唱えました。天候も最高で時間があったので、荷物を札所に預けて境内の散策と絶景の天狗の鼻、灯台周辺および遊歩道を海岸まで降りて白山洞山などを1時間掛けて散策しました。

●ポイント●
・足だけで歩くのは大変である。「足と心」で歩けるようになれば、修行の成果あり

## トオルマの夕日

38番（金剛福寺）を打ち、足摺岬から土佐清水へ右回りで海岸線を４㎞行った所が今日の宿です。

途中公園があり道路際に「トオルマの夕日」と記載された数本の幟《のぼり》と立て看板がありました。要領を得ないので、そのままホテルへ行きました。フロントで確認すると対岸の長さ80ｍ、幅４ｍの海食洞門に夕日が入り、反対側に反射した黄金の光が寸分くるわず見えるのだそう。見える時期が春分と秋分の年２回の中日前後数日で、見える場所も公園前の歩道の周辺で、幅10ｍ程度と限られています。なお「トオルマ」とは、太陽の光が入る洞門の地名で、船が通る隙間の意味だそうです。

「今日は３月22日（春分の翌日）で、お客様は運が良いですよ！」

「よかったらお接待として送迎しますが見に行かれますか」

とフロントの女性が微笑みました。

なんとありがたいことか、僅か１㎞程度で大した距離ではありませんが、荷物を降ろした後は足が重たく面倒です。時間前に送ってもらうと数十名が集まっていて、期待の息遣いが感じられました。

観光協会の人がパンフレットを配布して場所の選定、および時間など説明をしていました。ただ昼間は晴天でしたが、夕方から雲が少し出て霞んでいました。17時半過ぎには100名程度に膨れて、微かな光が見えると一斉に歓声があがりました。肉眼でははっきりと見えましたが、洞門との距離が1㎞以上あるので、倍率の小さいカメラでは不鮮明な画像しか撮れず残念でした。喜びの歓声と残念さとが入り乱れて、「明日もう1回こないとパンフレットのような写真は撮れないな」と、三々五々と薄暗闇へと散っていきました。

土佐清水市の観光協会が、新たなパワースポットとして売り出したい、熱の入れ込みは伝わりましたが、ホテルの従業員の話によると樹木が年々伸びて、土地の所有者と伐採の件で問題が発生して伐採できないでいるそうです（このままでは、来年は見えないかも知れません）。

●ポイント●

・トオルマの夕日は、期間が限定されますが、日程を確認すれば偶然もありえる

## お遍路23日目「国防婦人会の喫茶店」

■寺なし……足摺岬⇩土佐清水市内⇩下ノ加江⇩宿泊：民宿（安宿《あんしゅく》）

足摺から土佐清水へ行く道は、「ジョン万黒潮ロード」の名称がついて、道幅が４ｍ足らずで狭くかつ樹木が覆い茂って緑のトンネルになっています。歩道はありませんが大型車は通行できないので車が少なく安心して歩けます。

道路は海面から50ｍ以上の絶壁にあり、海面に反射する太陽の光が木々の隙間から見え隠れする景色は絶景です。さらに菅笠を取り、潮風に吹かれて、枝越しに上を見上げると梢同士が触れ合い首を振っている風景は、これぞまさしく歩きお遍路の醍醐味です（車では、絶対に味わえません）。

ジョン万次郎の故郷、中浜《なかのはま》集落に着きました。１軒しかない雑貨店でジョン万次郎の生家を尋ねると、集落の路地裏にある茅葺《かやぶき》の小さな無人の生家を教えていただきました。昔の生活様式が展示してあり、ＮＨＫ大河ドラマ放送採用の署名運動の用紙がありましたので記帳しました。14才（１８４１年）のとき、仲間と漁にでて遭難し、アメリカへ渡り日本人初の国際人として多くの知識を学び、帰国後は坂本龍馬にも多大な影響を与えて、かつ明治維新の影の立役者といわれたジョン万次郎の故郷です。

生家を見学後、喉も渇き休憩場所を探していたら、道路際に「ジョン喫茶店50ｍ先」の案内板がありましたので、民家の裏の方に行きました。人影のない集落に喫茶店か、と思いながら探しました。イメージしていた建物はありませんでしたが、それらしき重い引き戸を少し開けたところ、中に80代の女性数名と男性１名が見えたので、

「ああ間違えました、すみません。喫茶店はどこでしょうか？」

と尋ねると

「ここですよ！」といわれましたが、帰ろうとすると、

「お兄さん逃げなくても良いでしょう」

という言葉が返ってきました。腹を決め諦めて入りました。

「国防婦人会の井戸端会議と思いました」

というと、１人の女性が笑いながら、

「昔は皆きれいな娘さんでしたよ。それにしてもお遍路さんも古い言葉を知っていますね」

と、後はいじり、いじられながら、万次郎のことや集落の繁栄時の鰹漁、さらにお遍路の話など聞かせていただき貴重な休憩時間を過ごしました。井戸端会議の目的は、集落にスーパーマーケットが無く、週一回移動販売車がこの喫茶店前にくるので、ここに集まって雑談しながら待っていたそうです。

コーヒー３５０円を遍路割引で２００円にしていただき、ポケット一杯のお菓子までお接待としていただき、次の上りの遍路道も軽やかに歩を進めることができました。

なおジョン万次郎資料館は、土佐清水市養老の「海の駅あしずり」の２階にあります。ここは生家と違い、ジョン万次郎の生涯についての詳しい資料がありました。学芸員らしき人に、「私の記憶に、勝海舟が坂本龍馬とジョン万次

ジョン万黒潮ロードからの絶景

郎を面会させたとありますが、事実でしょうか」

と質問すると、

「その説もありますが、資料としては、現存していませんので不明です」

と返事がありました。

「たしかに、歴史的には不明でも状況証拠から、想定する学者はたくさんいますね。それでは、これがNHKの大河ドラマになると、やっぱり面会しますね」

といいますと、笑っていました。

●ポイント●
・自分の知識の範囲で質問すると、倍の新たな知識が返ってくる

## お遍路24日目「蛍前線のおじさんとの出会い」

■下ノ加江⇩番外（真念庵）⇩39番（延光寺《えんこうじ》）⇩宿泊：民宿（嶋屋）

昨日の宿泊は、土佐清水市下ノ加江の遍路宿、安宿《あんしゅく》に宿泊しました。７名の歩き遍路で5名が38番へ、私を入れて2名が39番（延光寺）へ、しかし、仲間は三原村経由、私は先々日不在のため御朱印がいただけなかったので再度真念庵経由となり一人旅となりました。

お遍路中興の祖といわれる真念（17世紀）は、この38番へ行く道と、打ち戻って39番への分岐点に遍路宿を造りここから39番へ遍路道の整備および真念石（道しるべ）を設置して今でも一部が残っています。

民家がほとんど無い県道と一部ショートカットの遍路道をほぼ一人歩きでした。宿毛市の山手の小さな鳥居の横のベンチで休憩していると、畑の見回りにきた男性（80才）に声を掛けられ雑談しました。

「この辺は、水がきれいだから蛍はいませんか」

といいましたら、目が輝きました。さらに福岡の蛍は源氏蛍が大半で6月上旬に飛び立つウンチクの話をしますと、何の事はないおじさんは蛍の専門家でした。仕事をリタイヤした後にボランティアで蛍を育てて、小学生のゲストティーチャーとして教えながら、また蛍の季節の夜は鑑賞会をされていました。

平家・源氏の名前の由来、生息地の北限など教えていただき会話が弾みました。また私が家内と行く福岡の近辺の蛍の里にも見学に行かれていました。高知は5月半ばには飛び立ち、全国的にも早く、ここから北上するそうです。桜前線は聞いたことがありましたが、「ほたる前線」があることを初めて知りました。

●ポイント●

・話し、聞き、見れば、いろいろと情報は入ってくる

## 土佐の国（修行の道場）を終えて

阿波の国と土佐の国を打ち終えて、88ヶ所霊場が39ケ寺、別格霊場が5ケ寺と番外霊場

が６ケ寺で、寺数では４割、距離で半分強となりましたが、まだまだ結願は先の話です。疲労も少しずつ蓄積してきました。

出発前は、一カ月半の長旅で時間があるので、心の癒し・人生の反省・自分探しなどなど没頭できると思っていましたが、全く意に反しました。初回のときは、考えごとをしながら歩くと小さな案内板（標識）を見過ごしますので、鶯やメジロの声を聴きながら歩くのが精一杯でした。

携帯ラジオも荷物になるので送り返しましたし、新聞もコンビニで数回買いましたがすぐに止めました。スマートフォンがあれば、ニュースは見られるし、地震情報はテレビより早く知らせてくれるので問題ありません。遍路仲間に携帯電話も持参していない人がいましたが、その人の徹底した「無」の旅の進め方も理解できます。たしかに日常を離れて旅しているので、同じ生活パターンでは意味がなく、非日常的な行動を取らないと得る物も少ないでしょう。それが修行へ繋がるのかも知れません（まだまだ修行の入口です）。

すべての道で標識を見ながら歩いている訳ではなく、室戸岬および足摺岬への国道は、信号もほとんどなく歩道を歩くのみで、地図を気にすることもありません。しかし、波の怒涛と車の騒音で、物思いにふけりながらの歩行は、私には無理でした。ゆっくりできるのは、寺の参拝を済ませて境内を散策後に木陰のベンチで古刹《こさつ》を眺めながらの休憩のとき。

また山登り後の絶景の見える場所で、四国の風に吹かれておにぎりをたべながら休憩しているときが至福のときで精神的にも安定しています。

寺の参拝を済ませて、下りの遍路道を歩いていると、前方で女性の声が聞こえました。

「おんころころ　せんだりまとうぎそわか」

と繰り返し大きな声で唱えながら歩いていました。近くまで追いつきましたが、声を掛けるタイミングを失い、5～6m後からついて行きながら、復唱してすっかり覚えてしまいました。しばらくしてから女性が私に気付き、

「びっくりしました、ズーッと後からこられたのですか？」

「今追いつきました、全部覚えていらっしゃるのですか、凄いですね！」

仏様の種類（釈迦如来、薬師如来、文殊菩薩……など）が13あり、それの真言が13種類あります。あることは知っていましたが、何回唱えても覚えられないので、唱えていません。ツアーの人たちは、本堂の前で先達に続いて唱和しているので、結願するころはすらすらと出てくるのではないかと思います。お蔭で薬師如来の真言だけは覚えました。

「修行の道場」を何とかクリアーしましたが、まだまだ先は長いし、何があるか想定できませんが〝一歩一歩〟歩けば、確実にゴールは近づくでしょう。

足と心で歩く〝心のウォーキング〟は、まだまだ続きます。

# 第三章 伊予の国 ——菩薩の道場

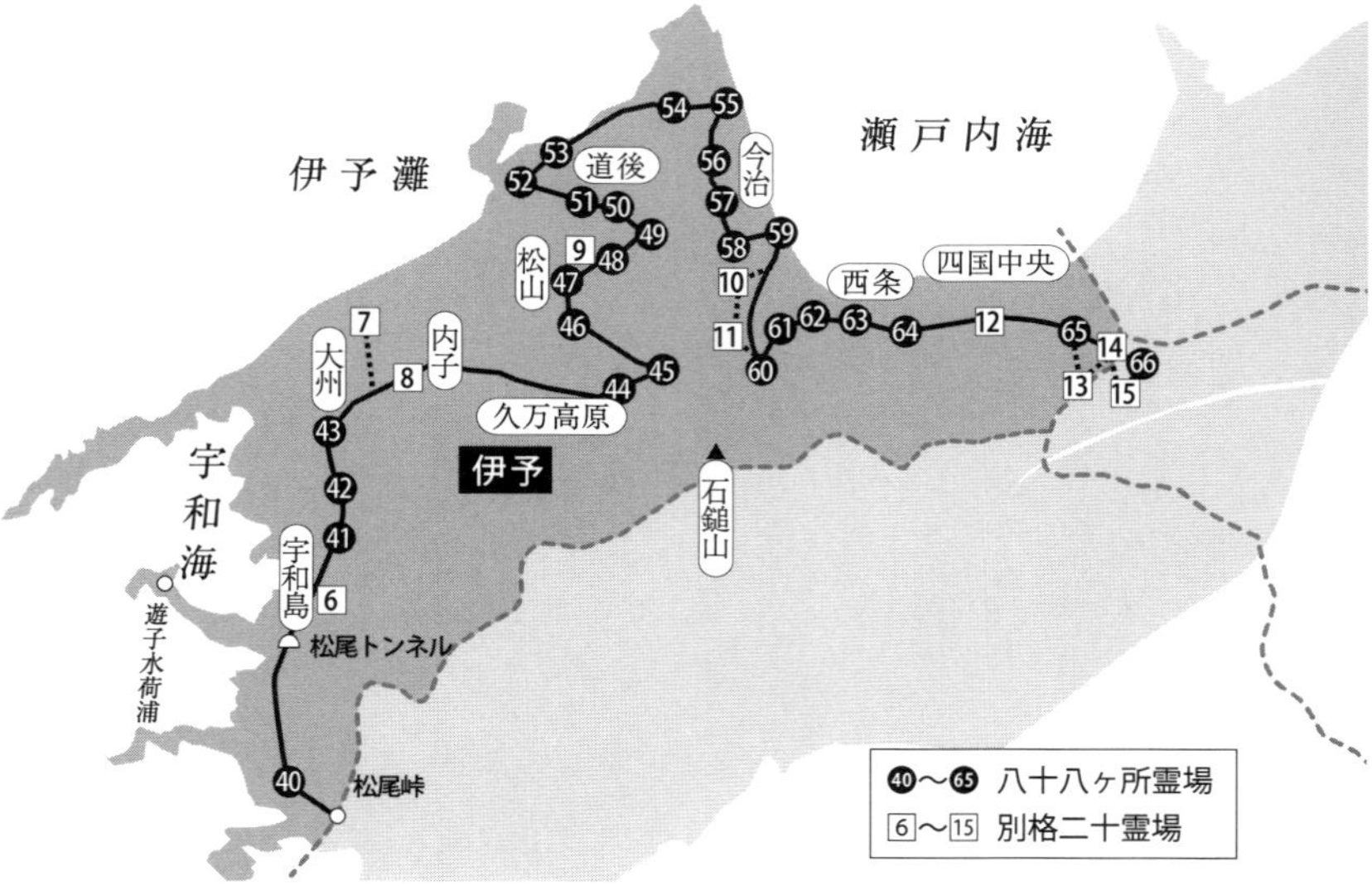

## お遍路25日目「いよいよ伊予の国へ」

■宿毛市《すくもし》⇩松尾峠⇩40番（観自在寺《かんじざいじ》）⇩宿泊：門前宿（山城屋）

3月下旬とはいえ、気温5℃から最高14℃と冷え込み、耳が冷たく指の出ている手袋では、ポールを握る手も冷えます。ただし、体は歩き出せば苦になりません。

吉田元総理大臣の実父（竹内綱）の出身地の宿毛市の「宿毛歴史館」でしばし休憩して、いよいよ土佐の国（高知県）から伊予の国（愛媛県）の国境（県境）へ歩を進めました。

標高300mの久し振りの峠越えの入口で、みかん畑の手入れをしている、農家の人に出会いました。みかんの木の選定、薬かけ、肥料やりなど老いてからのみかん作りの大変さが会話に滲み出ていました。息子はいるが東京で会社勤めのため、自分の代で廃業せざるを得ないと、跡継ぎの深刻な問題も理解できました。帰り際に、「文旦《ぶんたん》がなっているので、持っていくか」

といわれたものの、みかんは既に収穫されて付近には見当たりません。

「5月に孫が帰ってくるので残してあるのが、すぐ近くにあるので、ついてこい」といわれて、１００ｍほどわき道に入ると、たわわになっている文旦の木が数本ありました。手の届く下方の枝から、１個1kgはあるのを３個ちぎり、私にポイと2個投げました。

「これでいいか、もう少しやろうか」

「ありがとうございます、これで十分です」

残りの1個の皮を鎌で剥き、差し出されました。

「食べてみろ、うまいぞ」

時期はずれで水分が少ないと思いましたが、水分も天然の甘さもスタンドのジュースより美味しくいただきました。３分の1を農家の人が、残りの３分の2をやっとの思いで食べました。残りの2個をリュックに詰めて、苦労して育てたみかんの重さを肩にずっしりと感じながら、遍路道を登りました。

国境の松尾峠（標高３００ｍ）に着くと、数日前に同宿した千葉の男性（75才）が休憩していましたので、これ幸いと思い文旦を1個あげて心と肩の荷を降ろしました。

この松尾峠は、国道（56号線）ができる昭和の初期までは、峠越えで行き来しており、茶屋跡が残っています。国境（県境）には、１６８７年建立の「従是東土佐国」（これより東は土佐の国）の石柱と「従是西伊予国宇和島藩支配地」（これより西は伊予の国で、宇和島藩の支配地）の石柱が立っています。

昔の旅人はこの茶屋で一休みして、宿毛湾の絶景を眺めながら、団子とお茶をいただき草鞋《わらじ》を交換したことでしょう。

松尾峠の国境石柱（1687 建立）

後は下りから平坦な旧道を仲間と世間話をしながら14㎞ほど歩き、伊予の国の最初の40番（観自在寺）に着きました。１番（霊山寺）から最も遠くにあり、「四国霊場の裏関所」と呼ばれる札所の山門で、梵鐘を突き一礼、先程の農家の人の分までお参りしました。

**●ポイント●**

・お接待でたくさん頂いても断らないで、仲間にお裾分けする

## お遍路26日目「てんやわんやの舞台の里」

■柏坂峠⇩宇和島市津島町⇩宿泊：旅館（大畑旅館）

愛媛県宇和島市（旧宇和郡岩松町）は、昔は土佐の宿毛および宇和島からも遠く、陸の孤島と呼ばれていたが、街道で往来は多く、さらに港町で栄えた町です。国道の津島大橋から右の集落に入ると、駄菓子屋《だがしや》の大きな看板の前に昔の丸い筒状の赤いポストが立ち、いかにも古い街並みを感じさせます。町の中心部には、獅子文六（１８９３～１９６９）の名前を取った文六飴（大野文六堂）や四国の特区として初めて「どぶろく」を製造した小野商店など、のどかな街並みが続いています。さらに昔の繁栄時の白い蔵の脇を通り抜け川沿いに出ると本日の宿、大畑旅館へ着きました。

昼間は料理屋も兼務している、美味しい夕食をいただきながら、気さくな大畑旅館の主人からいろいろなエピソードを聞かせてもらえました。

獅子文六が終戦後3番目の奥さんの故郷に、疎開して宿泊していたのがこの宿で、そのときに執筆したのが喜劇の「てんやわんや」です。旅館は旧館と新館があり旧館は100年が経過していますが、獅子文六の寝泊りした部屋が現存しています。

小説にでてくる富豪は現地の実存者がモデルで、宿毛あるいは宇和島に行くときは、自分の土地が広いので、他人の土地を通らなくても行けるほどの財閥でした。しかし道楽と女遊びが過ぎて身上《しんしょう》潰し、現在は当時を偲ばせるいくつかの蔵が数軒残っているだけです。

大畑旅館は、元々は別の場所で営業していましたが、小説に出てくる実存の地元の富豪の旅館が売りに出されたので買い取り、現在も営業しています（小説が発表され1950年に映画化された後に、大畑旅館が、1957年に買い取った）。

小説の中で、岩松町は若い娘さんが夜のお接待をしてくれるくだりがありますが、これが佐野周二・淡島千景の出演により映画化されると、たちまち全国的に有名になり、一般客やお遍路が若い娘の夜のお接待を目当てに、大勢押し寄せて宿も満員になり大繁盛したそうです。

「どぶろく」の勢いで十善戒の不邪淫《ふじゃいん》の言葉も忘れて、

「それは、本当ですか」

と突っ込みを入れると、

「私が生まれる前の話で祖父から聞きましたが、終戦後はここことは限らず昔の名残があったのは、事実かも知れませんが、ここも残っていたか、私が生まれる前で分かりませんね」と無難な回答でした。

ここの宿には、「てんやわんや」の映画のＶＨＳのビデオがあり、お客の希望があれば試写していましたが、残念ながら、壊れて使用できなくなっていました。

料理と「どぶろく」と若旦那の楽しい話題で盛り上がり、疲労蓄積もどこかへ消えた夜でした。

# お遍路27日目「遊子水荷浦の段畑に感動」

■宇和島市⇩遊子水荷浦（三浦半島）⇩宿泊：ビジネスホテル（宇和島市）

遊子水荷浦《ゆすみずがうら》の段畑《だんばた》は、宇和島市西南の三浦半島に位置する東向きの入り江の後方が小高い山になっている半農半漁の集落にあります。段畑《だんばた》は、国の「重要文化的景観」に2007年に選定されています。

宇和島市よりバスでリアス式海岸線沿いに1時間掛かり13時半につきました。現在戸数、40戸（140名）の集落の中心部に、売店と茶屋があります。茶屋は休みでしたが、売店でジャガイモ焼酎（段酌《だんしゃく》）、ポテトチップスなどの地産品が販売されていました。とりあえずアイスクリームを食べながら店員の女性から情報を仕入れました。

丘を一周するのに一時間もあれば十分で、帰り便のバスは、16時一本しかないと思っていましたが、15時半の高速船があることを聞き、丁度良い時間になりそうです。

店員から、

「ここのジャガイモ（馬鈴薯）は、肥沃な土地で年1回の収穫のため甘くて美味しさは、どこにも負けません。いま予約販売中で注文を取っています。いかかですか」

とお勧めがありました。現在植えてあるジャガイモの収穫が4月初旬で、着払いで予約を受け付けていましたので、1.5kg（１６５０円）注文しました（帰省後に食べたらたしかに、甘くてほくほくして美味でした）。

段畑は傾斜角度が40度以上あり、畑と畑の段差が２ｍ、幅が1～２ｍ、長さが10ｍ程度の広さで丘の上まで60ｍほどきれいに並んでいます。上段と下段の畑の行き来には梯子がかけてありました。

斜めの狭い農道を上がりながら、よくぞここまで石を積み上げたものだと感心しながら、ゆっくり20分ほどで丘の上に到着しました。４００年前に小さな石を一つひとつ積み上げて開墾された段畑には、先人の汗が滲みこんでいることでしょう。リアス式海岸の海には幾何学模様の養殖いかだが無数にあり、半農半漁の生活が想像できます。

九州北部の四季折々の棚田《たなだ》あるいは段々畑《だんだんばたけ》は何度か見学に行きましたが、ここの段畑は海とのバランスが取れていて、他と違う絶景にしばし見とれて歩きを忘れました。

左右に海の絶景を見ながら尾根伝いに岬の方へ一周して、波止場までくると、男性（82才）

に会いました。出港まで時間があるので、いろいろと話を聞くことができました。

元々は日照りに強い甘藷《さつまいも》から始まり、養蚕の桑園へ、食糧難の戦時中から再度甘藷へ、ジャガイモに切り替わったのは30年ほど前からだそうです。男性も半農半漁で若い頃は、肥タンゴ（人糞を運ぶため木で作ったバケツみたいな入れ物）を担ぎ難儀した話をしみじみと語られました。

一方海の方は、鰯《いわし》・鯛がよく取れたが、今はハマチまた真珠の母貝（アコヤ貝）の養殖へ変わり、昔の賑わいが無くなったそうです。

ここも後継者のいない段畑をどのように守っていくかが、集落全体として大きな課題でした。

帰りの船中から見る段畑も、扇型の造形美がくっきりと見えて、先人の知恵と努力に日本の

遊子水荷浦の段畑

原風景を感じました。

●ポイント●
・写真の好きな人、絶景が見たい人は、一見の価値あり

## お遍路28日目「宇和島藩の伊達400年祭」

■別格6番（龍光院《りゅうこういん》）⇩41番（龍光寺《りゅうこうじ》）⇩42番（仏木寺《ぶつもくじ》）⇩宇和島市内⇩宿泊：旅館（宇和島市）

宇和島に2泊、1泊目は段畑見学、2日目は市内の別格6番（龍光院）、41番（龍光寺）、42番（仏木寺）を打ち、打ち戻りして市内を散策しました。

仙台藩主伊達政宗の長男秀宗から13代の現当主まで、今年が400年目に当り「伊達400年祭」が開催中で城下町も賑わっていました。伊達10万石の宇和島城、伊達博物館、7代藩主（宗紀）が造った竹と藤と池をあしらった天赦園《てんしゃえん》から市内の歴史散策は、しばし修行を忘れさせてくれました。

昼食時に「道の駅みま」に併設された珍しい組み合わせの建物の入口で、看板を見ていると還暦位の女性から、「お遍路さん興味ありますか？」と聞かれ、

「入場券が余っていますのであげましょう」

と一枚の入場券を渡されて、お礼をいう間もなく立ち去りました。良く見ると井関農機具の創始者「井関邦三郎記念館」と山岳を主体の版画家の「畦地梅太郎記念美術館」の切符でした。受付で確認すると、入場券が３００円で、２人とも出身が宇和島市三間町でした。思わぬお接待に預かり、農家出身で農機具には興味がありましたし、また、絵も見るのは好きでしたので嬉しい限りでした。

今日は3月下旬、宇和島の闘牛を見学したかったのですが、次回は4月6日からで残念ながら見られませんでした。年に5～6回開催されるので、興味ある方は事前に日程を確認しておけば力強い牛の戦いが見物できます。

●ポイント●
・闘牛大会を見物したい人は、前もって日程調整が必要
・歴史ある街のため、歩いて最低半日必要

## お遍路29日目「真言宗ではないのですか」

■宇和島市⇩43番（明石寺《めいせきじ》）⇩卯之町⇩宿泊：旅館（大洲市）

日本には古くから神道《しんとう》があり、6世紀に仏教が伝来しました。そして、空海が四国で修行を行い、また、真言宗を開創（814）し、その影響で四国88ヶ所霊場ができ上がったので、四国88ヶ所の宗派はすべて真言宗と思っていました。ところが、ここの43番（明石寺）は最澄（伝教大師）開創の天台宗です。さらに寺の開創は、空海の誕生（774）前に創建されていることを納経所の僧侶に聞き、目からうろこです。

ちなみに、88ヶ所の宗派別内訳は、真言宗80ヶ所、天台宗4ヶ所、臨済宗2ヶ所、曹洞宗と時宗が1ヶ所です。さらに空海の生誕前に開創した寺はたくさんありますので、空海がかかわってできた寺がいくつあるのか、まだわかりません。

67番（大興寺）は、本堂の左側に真言宗、右側に天台宗の大師堂があり、2宗派に管理された珍しい寺です。さらに珍しい寺は、68番（神恵院《じんねいん》）と69番（観音寺）で、このふたつの寺は同じ境内にあり、納経所はひとつで御朱印も同じ人にいただきます。山号も宗派も同じで、違うのは68番（神恵院）がモダンな鉄筋コンクリート造りで、69番（観音寺）は木造で、鐘楼もあり対照的です（ここの納経所は、労務費が少なくて利益率が良いだろうなとお遍路が呟いていました）。参考までに女性の住職は少ないですが、四人いらっしゃるそうで、二人にはお会いしました。

ここ43番（明石寺）のある、西予市《せいよし》の旧宇和町《うわちょう》は、宿場町として栄えた商家が立ち並び白壁、出格子、うだつなど伝統的な建築様式が残っています。寺を出てすぐの歴史文化博物館には、新しく常設展示の「弘法大師空海の世界」

開明学校の廊下（109m）

と題する、和紙彫塑の内海清美展が開催されていました。また、1882年に建築された開明学校（小学校）の廊下は109mとさすが長いです。雑巾かけ競争があり、記録は高校生が最速18秒でした（ベン・ジョンソンの来所時の写真が掲示されていました）。

挑戦したかったですが、腰痛のうえまだ先があるので断念しました。郷土の先哲記念館には、シーボルトの娘（楠木イネ）の使用した医療器具などもみられました。長崎在住のシーボルトの娘がなぜこんなところに？と思い説明文を読むと、次のようなことが書いてありました。伊予国宇和島出身の二宮敬作（1804〜1862）は、シーボルトの弟子として長崎で医学を学んでいたとき、シーボルト事件でシーボルトが国外追放になりました。そのとき、シーボルトは、娘（楠本イネ・2才）の養育を二宮敬介に託しました（1828）。その後、二宮敬介は、故郷の宇和島で開業して、娘イネに医学を教えたのです。日本で最初の西洋医学の女性医師ということで、宇和島の偉人として顕彰されています。

近くの民具館には、生活用品や作業具などの品々が、6000点も所狭しと展示されて、団塊の世代には懐かしいものがたくさんあり、見る物が多く忙しい一日でした。

●ポイント●

・遍路道沿いに見所がたくさんあるので時間は、余裕を持って

## お遍路30日目「別格の遍路道は消えてゆく」

■別格７番（出石寺《しゅっせきじ》）⇩別格８番（十夜ケ橋《とよがばし》）＝（永徳寺《えいとくじ》）⇩宿泊：旅館（大洲市：ときわ旅館２連泊）

別格７番（標高８１２ｍ）から12㎞の麓にある「ときわ旅館」は、別格霊場を打つ人にとって便利な旅館です。荷物を預けて打ち戻りができるコースになります。当日の宿泊客は６名で、その内の３名は、当日に別格７番（出石寺《しゅっせきじ》）を打ち終えて連泊、１人が88ヶ所のみの２回目、もう１人の男性が明日別格７番の予定でしたので、一緒に参拝するようにしました。

宿の主人の話によると、遍路道が数本あるが、過疎化で年寄りばかりになり、遍路道の整備ができなくて風倒木あるいはがけ崩れで通れないとのことでした。車道を通り途中一部ショートカットできる遍路道を教えていただきました。

中央線も歩道も無い舗装された幅4mほどの道で、緩やかな曲がりくねった坂道です。地元の作業車と車での参拝者がたまに通るぐらいです。東京出身の男性（71才）は4回目で、今回は好きなところだけ歩き一部公共機関を使用して、22日間で結願を計画されていました。2人とも打ち戻りのためリュックは宿に預けているので、足取りも軽くスムーズに登れました。地図には、普通の人で5時間と記載されていましたが、4時間の10時半には着きました。

坂を上る途中仲間が、車道の端から端を斜めに、ジグザグに上ると非常に楽ということで、やってみました。距離は長くなりますが、使用するエネルギーは一緒かも知れません。しかし道幅4mと狭いので道の端でUターンする回数が多くきつくなり止めました。

帰りに仲間と話しに夢中になり、案の定2人とも標識を見落として、道を間違えてしまいました。2人で話しながら歩くと安心感もあり小さな標識を見落とすことが多々あります。

下りの終わり頃、地図に載っている遍路道があり、車道なら3㎞、遍路道なら1㎞しかありませんでした。宿の主人に教えてもらった道ではありませんでしたが、通行禁止の札も無いので、ショートカットを提案すると仲間も承諾しましたので行くことにしました。路面はしっかりしていましたが、最近人が通行した形跡は無く、蜘蛛の巣があり、枯れた小枝が行く手を阻んでいるので払い退けながら、落ち葉の上をすべりに注意して、やっとの思いで車道へ出ました。

遍路道も普段歩くときは何気なく通っていますが、遍路道の草払い、小枝落し、階段の補修など整備には多大の資材と労力が掛かります。過疎化で若い人たちが減少し、年寄りたちだけで、山奥の数キロにもおよぶ遍路道の補修は、簡単にはできません。

さらに別格霊場は、春と秋の季節で1日数名、夏と冬はほとんど通らないので、その間に風倒木や枯れ草で荒れ果てていくのでしょう。まだまだこの道は良い方で、途中で会った仲間が「別格20番（大瀧寺）に行く遍路道は、ススキが生茂り道すら無くて通れずに引き返して車道を歩いた」といっていました。

別格の遍路道

城好きな人のために、私が訪れた四国の「日本１００名城」の一部を列記します。高知城、宇和島城、松山城、今治城、丸亀城そしてここの大洲城。共に遍路道から近いので時間に余裕を持って訪れると、お遍路が10倍も20倍も楽しくなります。

●ポイント●

・別格7番（出石寺）を打つなら、大洲市に2連泊が必要
・興味のある施設（美術館・博物館・記念館・城・旧街並みなど）があれば、地図に落とし込んでおく

## お遍路31日目「文化は遍路道沿いに栄えた」

■（大洲市《おおずし》）⇩内子町⇩宿泊：旅館（内子町小田）

江戸時代の往還あるいは街道および遍路道沿いに、素晴しい文化が発展しているので、遍路道を歩くと、いろいろな昔の文化に出会えます。

ここ内子町も昔の宿場町および木蝋《もくろう》で栄え財をなした街並みが残っています。吉良川の旧家は本当の白壁でしたが、ここはよく観ると、浅黄色のような薄い黄色が入った漆喰《しっくい》が塗られていて優しい旧家の街並みを感じます。

遍路道沿いに、全国では中規模程度の内子座（1916）の大きな幟がたなびいていました。歌舞伎、落語などにも興味がありますが、特に昔の建物・施設に興味があります。催し物が開催されていなかったので、中を見学させていただきました。回り舞台、迫《せり》、すっぽん（迫上がる切穴）があり、問題は奈落《ならく》ですが、残念ながらモーター式に改造されていました。昔は、5~6人でこの冷暖房も無い狭いところで、操作する裏方の仕事も大変であったと想像できます。

この後、75番(善通寺)から別格17番(神野寺)への途中の金刀比羅宮の入口の左に、金子座(旧金比羅大芝居)があります。ここは1835年開創で、途中移築改装はしたものの、日本最古の芝居小屋が残っています。昔の人力の廻り舞台、迫、かけすじ(空中を飛ぶ装置)などを見学したかったですが、尾上・坂東・中村合同の歌舞伎公演中で残念ながら見学できませんでした。

内子町は江戸末期より大正まで、木蝋《もくろう》生産日本一を誇り、海外にまで輸出していました。当時の木蝋で財をなした上芳我《かみはが》邸が、重要建造物文化財として残っています。

茶色いハゼの実を粉にして、蒸して絞ったものを生蝋《きろう》といい、これを漂白したものを白蝋《はくろう》といいます。生蝋は、ローソク・びんづけ油、白蝋は、口紅・クレヨン・光沢剤などに利用されます。普通の人は櫨《はぜ》の木の下を通っただけで、皮膚がかぶれたりするのに、石鹸・口紅などに使用されていたとは驚きでした(現在は使用されていません)。

もうひとつ驚いたのは、木蝋生産者は、跡継ぎの子供がかぶれないようにするため、赤子の頃からハゼの実に触れさせて免疫を付けていたそうです。今は免疫注射がいろいろあるでしょうが、跡継ぎとはいえ幼い子どもはかぶれて大変だったでしょう。

郵　便　は　が　き

料金受取人払郵便

８　１　２－８　７　９　０

博多北局
承　認
0426

169

福岡市博多区千代3-2-1
麻生ハウス３Ｆ

差出有効期間
平成29年10月
31日まで

㈱ 梓　書　院

読者カード係　行

ご愛読ありがとうございます

お客様のご意見をお聞かせ頂きたく、アンケートにご協力下さい。

| | |
|---|---|
| ふりがな<br>お 名 前 | 性　別（男・女） |
| ご 住 所 〒 | |
| 電　　話 | |
| ご 職 業 | （　　　　歳） |

梓書院の本をお買い求め頂きありがとうございます。

下の項目についてご意見をお聞かせいただきたく、
ご記入のうえご投函いただきますようお願い致します。

| |
|---|
| お求めになった本のタイトル |
| ご購入の動機<br>1書店の店頭でみて　2新聞雑誌等の広告をみて　3書評をみて<br>4人にすすめられて　5その他（　　　　　）<br>＊お買い上げ書店名（　　　　　） |
| 本書についてのご感想・ご意見をお聞かせ下さい。<br>〈内容について〉<br><br>〈装幀について〉（カバー・表紙・タイトル・編集） |
| 今興味があるテーマ・企画などお聞かせ下さい。 |
| ご出版を考えられたことはございますか？<br>・あ　る　　・な　い　　・現在、考えている |

ご協力ありがとうございました。

**●ポイント●**
・内子町も古い文化が残りゆっくり散策したい街である

## 小学生もノーベル文学賞を知っている

43番（明石寺）から44番（大宝寺）までは、70㎞とロングコースで、海は見えない山間部と冬は雪で通れない久万高原を通ります。丁度中間地点の小田川流域沿いに、内子町大瀬（旧大瀬村）があります。

遍路道沿いの大瀬小学校の桜が満開の校庭で遊んでいた数人の児童に、

「この町で一番有名な人は、誰ですか」

と聞きましたら、すかさず、

「ノーベル賞を受けた、大江健三郎です」

と大きな声が返ってきました。

前年のお遍路のときに町並みを歩いていたら、後ろから女性に、

「町広報の資料に使用したいので写真を撮らせてください」

と話しかけられたことがありました。何気なく了解してそのままになっていたのを思い出して、事務所に尋ねて行ったら、当時の女性がいました。「当時新人で、名前も聞かないで申し訳ありませんでした」と謝罪されました。当時は、私も歩くのが精一杯でこの地が大江氏の故郷とは知らずに通り過ぎていたことを話すと、閉館日にもかかわらず「大瀬の館」を空けていただきました（写真は、インターネット広報に活用されましたが、現在はリニューアルして残っていませんでした）。

事務所が「大瀬自然センター」で内子町の大瀬分室になっています。その奥の方が旧大瀬村役場跡の「大瀬の館」になっていて、1階が大江健三郎氏の資料館、2階がお遍路も宿泊できる設備になっています。

1994年に日本で2人目のノーベル文学賞を受賞した大江健三郎氏の故郷です。この小さな小学校で学び、近くの川や野で遊んで育ったのが、後の大江文学の形成に大きく影響したことを知りました。

**お遍路32日目**

■44番（大寶寺《だいほうじ》）⇩45番（岩屋寺《いわやじ》）⇩宿泊：遍路宿（久万町）

## お遍路33日目「雨の日のトンネルは命がけ」

■峠御堂トンネル⇩三坂峠⇩旧坂本屋⇩番外（網掛石大師堂）⇩46番（浄瑠璃寺《じょうるりじ》）⇩宿
泊：門前宿（長珍屋）

46番（浄瑠璃寺）へ向う、峠御堂トンネル（600m）の入口に、歩行者用のタスキを入れた箱が設置されています。車から歩行者が認識できるように、「黄色い蛍光タスキ」を使用するように、箱の中に数本のタスキが入っています。反対側の出口にも箱があり、使用した人は箱に返却するシステムで、歩行者と運転者に配慮した良いアイデアです。

1本借用してトンネルへ入ると、歩道が60㎝程度で白線のみです。車が通るたびに壁にリュックを押し付けて、かつポンチョが舞い上がって車に巻き込まれないように押さえて、通過を待ちます。さらに路面の悪いトンネルなら水しぶきをもろに被ります。

新しいトンネルは段差と歩道があり、ガードレールもありますが、古いトンネルはまだまだ路肩用の白線のみで、対向車に気を遣い、まさに命がけです。さらに一番長いトンネルで１６００ｍあり、通過するのに約20分はかかり、排気口が無いので車の排気ガスで息苦しくなります。

峠御堂トンネルを出て下った遍路道沿いに、久万高原美術館があります。私の好きな風景画の展示会が開催されていることを、宿にあったチラシで確認していたので寄りました。しかし、門にチェーンが掛かり誰もいません。朝の7時半、少し早いが入口に行くと、なんと開場は9時半。今日も30㎞の距離で７００ｍの三坂峠越えがあるので、止むを得ず先へ行きました（時間の確認不足、トラブルは付きもの）。

●ポイント●
・トンネルの歩行は、雨具に注意し、蛍光シールまたは点滅ランプが必要

**遍路の楽しみは、歩く・観る・聴く・話す**

初回のときは、案内標識に気を取られて、なかなか周りを観る余裕がありませんでした。また道ゆく人に尋ねる質問も浮かび上がってきません。テレビのぶっつけ本番の旅で、突

然現れた有名人に話す言葉が見当たらず、また、サインを貰うのも忘れていたという場面が良くでてきますが、その気持ちが良く分かります。最初は、突然お接待を受けてもお礼のみで「納札」を渡すのさえ良く忘れていました。

もちろん声をかけるときは一言挨拶し、お断りして了解を得てから話を進めます。話しかけて聴くことで、新たな知識の広がりと発見ができて旅が楽しくなります。

別格5番（大善寺）の手前で、急に雨が降り出したので雨宿りして、たまたま大阪より姑の見舞いにきていた女性に道を尋ねたら、世間話は良いが、尋ねもしない姑の愚痴まで話が発展して、長く聞かされました。しかし、見ず知らずの人だったから話せたので、女性は心がすっきりしたのではないかと思います。愚痴を聞いてあげたことは、善いことをした、まさにひとつ功徳を積んだことになるのではと気付きました。その後は、質問には注意して対応しましたが、それでも悩み、愚痴の聞き役に回ることが数回ありました。聞いてあげるのもお互い様で修行の内です（糟糠《そうこう》の妻の愚痴も聞きます）。

多くの人たちに挨拶だけは、こちらからかけました。トラクターで田植えの準備をしていた老人は、わざわざエンジンを止めて、

「車では回ったことはあるが、歩いたことはない。大変だろう、ご苦労さん」

と声をかけてくれました。

ジョン万次郎の生家のある中浜のかつお節工場では、

「ここから見学だけさせてください」

と話しかけたら、

「中に入っていいぞ」

と気軽に対応してくださいました。さらに、製材所、石工場、鮮魚店、漁師、しいたけ栽培、天然塩の製造所、瓦工場など気軽に応対していろいろなことを説明していただきました。


私の性格として、浅くて広い雑学が好きなため、いろいろ尋ねて知識を得ながらお遍路することは、最高の知識の修行の場です（最近は、テレビで旅番組が多いようですが、あのぐらいのネタなら何本でもあります）。

●ポイント●
・相手の状況をみて、話しかける

## 個人経営者は後継者に悩む

45番（岩屋寺）から46番（浄瑠璃寺）へいく途中の三坂峠（７１０ｍ）を登り、一気に３００ｍ降りると右手に旧坂本屋の遍路宿跡があります。築１００年以上経ち、現在は地元の人たちとお遍路の交流の場になっています。残念ながら本日は閉まっていましたが、よく見ると壁に「ＮＨＫ四国遍路１２００キャンペーン」のポスターがあり、懐かしい我がひげ面の写真が掲載されていました。前年（平成26年４月27日）に伊予亀岡辺りを歩いているとき、ＮＨＫ愛媛放送局に取材された際ののポスターです。私の話が総花的でインパクトがなかったので、オンエアーはされずボツになったみたいですが、写真だけは使用してありました。一年が経ち期限切れでしたが撤去せずに残っていました。

このように、歴史ある遍路宿跡は残っています。へんろみち保存協力会掲載の宿に電話しても、高齢のため営業は止めましたと断わられたのが数件ありました。また宿泊した某宿の女性（古希ぐらい）は、後10年したら息子が帰ってくるので、それまでなんとか頑張りたいと話していました。女性が残った場合はまだしも、80才ぐらいの男性が残った個人宿にも宿泊しました。夕食はプラスチック容器の弁当に、インスタントの汁物です。昔は栄えた大きな旅館も、使用しない部屋は白いほこりが積み足の踏み場もありませんでした。

某遍路専門宿の主人が言っていましたが、バスツアーは増加したが小さな個人経営の遍路宿は無関係。また、昔のお遍路は部屋も相部屋で今の倍の人数泊めていたが、今は１人部屋でないと客はこないので効率が悪く、設備改修もできず悪循環とのこと。また山奥の遍路道沿の集落には、蔦《つた》が絡まった廃墟《はいきょ》が、何軒もありました。その他、みかん農家、しいたけ栽培、小さな集落の店、漁業、林業など多くの人たちに接してきましたが、遍路道沿いが裏道で地方の過疎地とはいえ、後継者問題はいずこも深刻でした。このままでは、長年続いている「お接待」の文化も危ぶまれます。

●ポイント●

・山間へき地を歩けば、過疎化の実態が良く分かる

## お遍路34日目「道後温泉でも結願祝い」

■47番（八坂寺《やさかじ》）⇩別格９番（文殊院《もんじゅいん》）⇩48番（西林寺《さいりんじ》）⇩49番（浄土寺《じょうどじ》）⇩50番（繁多寺《はんたじ》）⇩51番（石手寺《いしてじ》）⇩番外（義安寺《ぎあんじ》）⇩番外（宝厳寺《ほうごんじ》）⇩宿泊：ユースホステル（道後温泉）

47番（浄瑠璃寺）から51番（石手寺）までと別格９番（文殊院）および番外霊場の義安寺・宝厳寺の計８ケ寺を打ちました。距離は、14㎞と短いけれど札所が多いので、時間の経過は一緒です。歩き始めの頃は、一ケ所のお参り・境内の散策・休憩で30分以上は掛かっていましたが、ここ迄くると少しは要領よくなります。例えば本来は本堂から大師堂へ納経しますが、団体客の都合により大師堂からあるいは御朱印を先に貰うとか順番を変えることで時間短縮できます。団体客がきたらバスの添乗員がリュックに納経帳・掛軸を背負ってきますので、待たされると聞いていましたが、横に並んでいれば頃合いをみて、「歩きお遍路さん、どうぞ」と声が掛かり極端に長い待ち時間はありませんでした。スーパー、コンビニでも何度か、優先的に配慮をいただきました。

本日の宿は、道後温泉のユースホステルです。ここは、風呂が24時間営業、基本的にはセルフサービスで、夜の酒・肴も申告制です。お遍路もですが、外国人も多く、価格もリーズナブルで人気があります。数日前に同宿した松山出身の仲間から、ユースホステルは道後温泉のすぐ近くだから、観光化された本館の湯より、別館の「椿の湯」がゆっくりと入れて泉質も良いという情報をいただきました。ユースホステルから数分のところにある「椿の湯」は、入浴料200円で、広い湯船に数人しかいなくて、34日目の修行半ばの身を癒し、疲労も幾分取れました。翌朝はもちろんユースホステルの朝風呂ですっきり、久し振りに心身ともにリフレッシュできました。

10数名の宿泊客で、私のテーブルは4名、その内の千葉の女性（アラサー）は今回が8回目で、さらに別格霊場も打っているベテランでした。広島の男性（66才）と、もう一人が東京の男性（64才）です。東京の男性が52番（太山寺）からスタートして4回の区切り打ちで、本日の51番（石手寺）で結願されていました。明日52番（太山寺《たいさんじ》）へお礼参りに行き、市内見物後東京へ帰省の予定でした。

早速お祝いの酒宴となり、区切り打ちとはいえ、実質44日間歩いた苦労話や四国文化の暖かいお接待に感動し、定年後ひとつの思いを成し遂げたことなど、いろいろな話で盛り上がりました。最後に、ここで結願祝いをしてもらえたことが嬉しかったみたいで、感謝の気持ちを頂きました（これも功徳になるのでしょう）。

## 坂の上の雲（秋山兄弟の母校を訪れる）

道後温泉の宿に15時に着いたので、荷物を置き、すぐ近くの「松山市立子規記念博物館」に行きました。以前に慰安旅行できた以来で、拝観料はありがたいことに高齢者割引で半額の２００円。もちろん正岡子規についての展示はありましたが、一遍上人についての資料もあり、今回の目的のひとつで仏門の勉強にもなりました。客が少なく、受付の女性が暇みたいだったので、通常の観光地以外で、できれば遍路道沿いの見所を尋ねたらいろいろと教えていただきましたので、明日の歩きが楽しみです。

『坂の上の雲』（司馬遼太郎）に出てくる、秋山好古・真之兄弟および正岡子規の母校があることは知っていましたが、どこにあるかが分からなかったので尋ねたら、八方探していただきました。陸軍大将と海軍中将としての指揮官の行動は、今のビジネスマンでも参考になることが多く、また友人が『坂の上の雲』に関する本も出版していましたので、その学び舎に、当時の作文や成績表などの資料が残っているのではと期待もありましたが、予約制のため中は見学できないことが分かりました。しかしとりあえず外観なら良いですと返事を頂いたので行くことにしました。

秋山兄弟が通ったのは、伊予松山藩11代藩主松平定通公が創建（1828）した、「明教館」で、現在は、愛媛県立松山東高校内に移築されて高校が管理していました。高校の事務室の窓口で、状況を聞いたところ、授業を受け持っている先生が案内担当で、1週間以上前に予約が必要とのことでした。折しも、松山東高校が春の甲子園出場で沸いているときでしたので受付の女性に〝よいしょ〟しましたが駄目でした。とりあえず、受付簿に氏名を記入して、当時の面影の残っている建物の外観だけ見学しました（1週間前からの予約制とは、事前調査不足です）。

●ポイント●

・訪問したいところは、開館日と開館時間のチェックが必要

## お遍路35日目「松山市内も山手を歩く」

■一草庵⇩ロシア人墓地⇩52番（太山寺《たいさんじ》）⇩53番（円明寺《えんみょうじ》）⇩宿泊：ビジネスホテル（今治市）

県庁所在地の徳島市・高知市は繁華街を通る遍路道もありますが、あえて旧道の裏道を歩きました。ここの松山市内も慰安旅行などできているので、道後温泉から昨日教えていただいた山手を選びました。

俳人の種田山頭火（１８８２－１９４０）は、九州にも住んだことがあり、また最後は乞食《こつじき》しながら遍路にでて、句碑もあるので名前だけは知っていましたが、今回初めて終焉の棲家「一草庵」にきて、酒浸りで家族を捨ててまで放浪の旅をした俳人を知りました。

鐵鉢《てつぱち》の中へも　霰《あられ》

一草庵の玄関右に句碑がありました。さらに道中の遍路道にも「人生　即遍路」などの短冊や足跡が残っていて、そこの背景で読むと作者の気持ちが良くわかります。

当時の落伍者のようですが、最後は、この「一草庵」で知人らが句会を開いている隣の部屋で静かに息を引き取り、誰もが望むピンピンコロリの終焉に、共感するところがありました。

しばらく歩くとロシア人墓地の看板がありましたが、わかりにくい場所で探すのに苦労しました。日露戦争で7万人の捕虜の内、6千人が当地に収容されましたが、ここはその内死亡した98名の墓です。司馬遼太郎の『坂の上の雲』にもでてくる、ワシリー・ボイスマン海軍大佐の説明文の立て看板がありました。また松山の収容所は外出自由、道後温泉入浴自由など捕虜を厚遇したので、他の捕虜もここを指定するほどだったそうです。

さらに進むと大将軍神社の案内がありましたので、もしかすると秋山兄弟の海軍大将・陸軍中将を祭ってあるのではと思い寄りましたが、関係ありませんでした。

今日の最初の寺、52番（太山寺）の一ノ門にやっと着きました。ところが、そこから山門を通り緩やかな坂を1㎞近く上ったところが本堂です。通常は、山門を見ると着いたと思いますがそこからさらに歩くのは、ものすごく心理的に負担が掛かります。特に10番（切幡寺）、45番（岩屋寺）、71番（弥谷寺）は、山門に着いてから、長い階段をまだかまだかと本堂まで歩きます。極めつけは、高野山の大門で、大門から金剛峯寺まで１㎞、さらに奥の院まで２㎞あります。

●ポイント●
・山門を寺と見るな、まだまだ先がある
・都市部の道も、歩きなら本来の山手側を歩くべし

## 山門もいろいろある

まず寺に入るときは、山門で一礼して境内へ入ります。初めての遍路のときは、山門が有るか無いかも気にせず回りましたが、２回目からは余裕もできて、注意すれば、いろいろな山門があることに気付きました。

・33番（雪渓寺）・34番（種間寺）・41番（龍光寺）のように、山門が無いところが、十数ケ所ありました。

・８番（熊谷寺）・58番（仙遊寺）・60番（横峰寺）および高野山の大門などは、歩きでないと山門はくぐれません。昔は歩いて参拝するのが当たり前であって、車での参拝

は後からできたものです。

・山門の上層部に鐘を吊るした鐘楼門《しょうろうもん》について、6番（安楽寺）、7番（十楽寺）、16番（観音寺）、40番（観自在寺）、さらに65番（三角寺）は、静かな山奥にあるため、山門の頭上の鐘を思い切り突いてから境内に入ることができます。しかし、出るときは縁起が悪いので突きません。

・75番（善通寺）は、さすが総本山だけあって、赤門、南大門、中門、仁王門の4ヵ所があります。

・変わったところでは、人の顔に似ている別格2番（童学寺）、城門に似ている63番（吉祥寺）、長屋門様式で四国最大級の仁王門が守る山門が17番（井戸寺）です。

・さらに珍しい三輪鳥居（脇鳥居）をくぐると境内に、崇徳《すとく》上皇を祀った白峰宮に接して、79番（天皇寺）がある昔の神仏習合の名残りの寺もあります。遍路道から境内へ入るときは、鳥居があるので、道を間違ったと

三輪鳥居 79 番（天皇寺）

思い戸惑いました。

・88番（大窪寺）のように、山門はあるが、女体山経由の遍路道から登ると境内に直接入るため、一度出てから再度入門する札所もあります。

・36番（青龍寺）、41番（龍光寺）、46番（浄瑠璃寺）は、山門を出ないで次の札所へ行く遍路道もあり、納経所で必ず確認のために次の札所への道を尋ねるようにしています。

・81番（白峯寺）は、白棟門《しろむなもん》といって、左右に塀が7棟門あり、公家や武家の邸宅および寺院の塔頭《たっちゅう》などに用いられた屋根付きの門です。四脚門よりは下、腕木門よりは上の格式らしいです。

・84番（屋島寺）は、入口と出口が違って、両方に山門があります。山門だけでも、いろいろなタイプがあり研究課題になりそうです。

●ポイント●

・神社・仏閣・山門・鳥居・仏像・遍路道など、興味の持ち方次第でお遍路が10倍、20倍楽しくなる

## 雨の日の気遣い

最初の参拝のときに、納経所にヘアドライヤーが置いてあり、何に使用するのか？　雨の日に女性の髪でも乾かすのかと思っていたら、御朱印後の納経掛軸を乾燥させる道具でした。納経帳は紙質で新聞紙または吸い取り紙を挟んで置けばすぐ乾きます。ところが掛軸は絹布のため、なかなか乾かないのでヘアドライヤーで乾かします。しかしドライヤーの無いところがあったので、確認しますと、

「強制的に乾かすと後で変色するから、当寺はウチワで乾燥させてください」

といわれて、お遍路開創１２００年のウチワを渡されました。

雨の日に雨具を取らないで納経所の中に入ってきたら大変です。雨が一滴でも掛軸の御朱印の墨書きに落ちたら取り返しがつきませんので、乾燥にも時間が掛かり細心の注意が必要です。掛軸は専用ケースに入れて、さらに防水ケースに入れて、入口にビニール袋を被せ、出すときはタオルで外側の水分を拭き取ってから出します。

納経所の外に雨天時の注意事項の張り紙がしてありますので、厳しい御朱印担当なら大声でマナーの悪い人を怒鳴ります。バスツアーの人たちの御朱印は、添乗員に一切任せてあるので団体さんは楽でしょうが、人数が多い添乗員は、駐車場から納経所まで何十冊も

の納経帳と掛軸の入ったリュックを背負って大変です。限られた時間内に御朱印受領から乾燥まで重労働です。あるバスの添乗員いわく、四国のお遍路ツアーには手を上げる担当者が少なくて、若手が回されるそうです。

ここで裏技をひとつ。地図は最大の必需品ですが、雨の日に１００頁もの本を開いて濡れてしまったら使用できなくなります。もったいないですが地図を全部一枚ずつばらして、Ｂ４サイズで蓋の閉められるビニール袋に入れます。１日に使用する頁はせいぜい４頁ですので、２袋あれば裏表使用可能ですのでこと足ります（ビニール袋は、１００円ショップで売っている物で十分です）。

●ポイント●
・雨の日の納経所では、濡れたものを中に持ち込まない
・地図は、ばらして一日分をビニール袋に入れる
・納経帳・納経掛軸には、水の一滴も落とさない
・ビニール袋は、予備を持参する

## 四国は雨が多い、雨具は

平成26年度は44日間で雨の日が4日、平成27年度は53日間で雨の日が11日で、平成27年度は平年より全国的に雨の日が多い年でした。最初は雨の日が一番辛かったのですが、この辺までくると、少々の雨は、ゴルフやサッカーと一緒で気になりません。

辛い、きつい、大変などの言葉は、この辺までくるとほとんど聞かなくなります。出てくるのは〝これも修行の内〟。さすが皆さん、伊達に歩いてはいません。

雨具は、大きく分けて「カッパ」タイプと「ポンチョ」タイプに分類できます。「カッパ」タイプは、着たまま休憩所でリュックが降ろせて機動性は良いのですが、背中が蒸れてきます。またリュックカバーも必要だし、頭陀袋（セカンドバッグ）が防水でも横から雨が入るので、ビニールカバーで覆う必要があります。私は、「ポンチョ」タイプで、頭陀袋もポンチョの中に入るし、またノルディックポールも着たまま中で動かせるので、便利でした。

しかしトンネルでは車の風圧で広がるので、車が通り過ぎるまで壁にリュックを押し付けて通過を待たなければなりません。さらにポンチョは風で大きく広がり、ガードレールに裾を数回引っ掛けて破れたので、途中で買い換えました。

一長一短で、好き好きですが、ズボンは蒸れるので、ゴム紐の下部に数ミリの穴を数箇所開けておくと、蒸れ方が大分減少します。

善通寺市のホームセンターでポンチョを買い換えたときに、写真のようなズボンがセットでついており、これはぜんぜん蒸れない構造で新発見でした。ただし腰に固定するとき、ゴム紐などを使用してベルトに留める工夫が必要です。

セパレート型の雨具

２回とも春でしたが、遍路日数の僅か１～２割が雨か、１～２割も雨の日があるのか、これをどう捉えるかは自分次第です。

**●ポイント●**

・雨対策は、カッパかポンチョ、傘は不適（手に杖以外の物を持たない）
・帽子は、菅笠が最適

## お遍路36日目「一期一会……極楽浄土へ」

■54番（延命寺《えんめいじ》）⇩55番（南光坊《なんこうぼう》）⇩56番（泰山寺《たいさんじ》）⇩57番（栄福寺《えいふくじ》）⇩58番（仙遊寺《せんゆうじ》）⇩59番（国分寺《こくぶんじ》）⇩宿泊：温泉センター（今治市湯ノ浦）

平成26年4月にお遍路にも人気のある58番（仙遊寺）に宿泊しました。寺は空海誕生以前の7世紀に創建されて、標高３００ｍの今治市街および瀬戸内海が展望できる山頂にあります。宿坊は設備も新しく、特に住職の奥さんの精進料理の評判が良く、土日の昼は一般客の予約で満席になります。

住職が活動家で、お遍路の世界遺産登録推進の発起人でもあり、奮闘された結果やっと今、政界・財界・民間が動き出し活発になっている状況です。また心の病を持った人、仕事に就かず行き場の無い人などの面倒を見て、生き甲斐を与えて巣立ちさせています。さらに空手の道場まで本堂の横に建てて心身ともに健全な育成をされています。

夕食時は5名だったのが、朝の6時からの勤行のときは、15名が本堂に正座していました。後で分かりましたが、通夜堂に宿泊した野宿のお遍路あるいは法話を聴くために車で朝早くからきた人たちが増えていました。法話は自分が苦労した経験談、現在の活動状況など、7時過ぎまで有意義な話をされました。

最後に、

「家内も以前は勤行に毎日顔を出していたが、末期がんで体調が良くないので出られなくて申し訳ない。手術しても治る確率がゼロに近いので、本人も手術はしないと決断しました。自分も家内の体調の変化に気付かずに悔やまれます」

と話されました。昨日の受付から食事どきもぜんぜん気付きませんでした。

27年度もこの宿坊に予約を入れましたが、団体客で満室のため取れませんでした。納経所で御朱印を頂くときに、30才前後の僧侶に、

「昨年ここに宿泊して、住職の奥さんにお世話になりました。お元気でしょうか？」

と尋ねたら、

「母は昨年の10月に亡くなりました」

絶句！　息子さんでした。一期一会とはいえ、到着後の受付から夕食の美味しい精進料理、そして朝食後の見送りまで、旅館の女将さん以上のおもてなしをされたので、非常に

印象に残っていました。本堂に上がりお参りさせていただいた後、しばらく、ご母堂様の終末の状況と世界遺産登録の話やお遍路の変遷について雑談して、いろいろと話を伺いました。

昨年は、息子さん（娘婿）の存在は、知りませんでしたが、脱サラとは思えない程副住職として、りっぱに勤めを果たされていました。

いずれは誰もが訪れる老いと終焉について、人生のはかなさを思いながら、次の札所へ向いました。合掌。

**お遍路37日目**

■10番（興隆寺《こうりゅうじ》）⇩別格11番（生木地蔵《いききじぞう》）⇩宿泊：温泉センター（西条市小町温泉）

**お遍路38日目**

■60番（横峯寺《よこみねじ》）⇩番外（星が森）⇩番外（白滝奥の院）⇩61番（香園寺《こうおんじ》）⇩62番（宝寿寺《ほうじゅじ》）⇩63番（吉祥寺《きちじょうじ》）⇩64番（前神寺《まえがみじ》）⇩宿泊：旅館（湯之谷温泉）

**お遍路39日目**

■新居浜市⇩別格12番（延命寺《えんめいじ》）⇩番外（三福寺《さんぷくじ》）⇩宿泊：旅館（伊予三島）

## お遍路40日目「感動に感動する」

■65番（三角寺《さんかくじ》）⇩別格13番（仙龍寺《せんりゅうじ》）⇩別格14番（椿堂《つばきどう》）⇩宿泊：遍路宿（岡田屋：徳島県三好市池田佐野）

65番（三角寺）への途中の車道と遍路道との分岐点で、休憩している2人の女性（60代）に追いつきました。東京からで、お遍路姿がバッチリな笑顔の2人としばし話しながら休憩しました。

「1週間の区切り打ちで、一応歩きです。生きている内になんとか結願したいです」とにこやかに話されたのが印象的でした。

「お先に失礼します」

と別れて遍路道へと進みました。

みかん畑の遍路道を、1時間半ほどかけて寺に着き、参拝と休憩で30分ほどしてから、

反対側へ下りているときに先程あった女性が休憩していたので、

「若い女性は早いですね、いつ追い抜きましたか？」

と笑いながら話すと、

「ばれましたか」

との返事が返ってきました。

話を聞くとあれから、軽トラックの農家のおじさんのお接待を断りきれずに（本当は手を挙げたみたい）乗車されたそう。前の助手席には1人しか乗れないので、2人とも荷台の筵《むしろ》の上に、後ろ向きに座り寺まで15分で到着。途中瀬戸内海の絶景を一望にしながら、ゴトゴトしましたが楽でした、今回の旅の最高のお接待で最高の思い出ですとのこと。

2人が笑顔で話す〝感動〟を聞くとこちらもおもわず感動しました。たしかに空気の悪い大都会で生活している人が、新鮮な空気を吸い、軽トラに乗るのが初めて、おまけに筵の上、さらに後ろ向きそして、瀬戸内海の大パノラマの絶景とくれば感動しない人はいないでしょう。

「お先に失礼します」

というと、

「お菓子をどうぞ」といただきました。

「口止め料ですか」いや素直に感動のお裾分けとして受け取りました。

（私は車のお接待だけは絶対に受けないぞ、とこだわりの歩きお遍路を自認して先へと歩きました）

●ポイント●

・歩きにこだわるのであれば、車のお接待の誘惑に負けるな

**伊予もいよいよ最後**

伊予中央市（旧伊予三島市）より5km、標高500mにある伊予の国最後の65番（三角寺《さんかくじ》）の最後の急な階段を上がると、鐘楼門に梵鐘が下がっています。自由に打てる鐘はめったにないので、撞木《しゅもく》を思い切り引いて打つと緑と融和した後の静粛な山から返ってくる、こだまの響きがなんともいえません。境内に入ると葉桜になった横に小林一茶の句碑がありました。

「これでこそ　のぼりがいあり　山桜」

汗を流しながら最後の急な石段を登りきると目の前にある、見事な満開の桜に出会えた

ときの詩でしょう。

　スポーツでも芸能でも、その場で感じる感動はそこにいかなければ味わえません。四国にはいろいろな作家・俳人・詩人などが旅していています。詠んだ場所で見聞きすると、風情と感情がよく伝わります。

　伊予の国の終わり、何となくいつもより時間を掛けてお参りしました。しかし、88ヶ所だけを巡拝する人は、伊予の国の最後の札所ですが、別格霊場は、13・14・15番まで伊予の国に入るのでまだまだの気持ちです。

　歩きお遍路仲間と道中では会わなくても、札所では何名かと会いますので、仲間と気楽に情報交換します。ここでは、別格を巡拝するお遍路はいなかったので、また

三角寺の梵鐘

一人旅となりました。納経所で別格13番（仙龍寺）への道を尋ねると、昔の遍路道は路面も柔らく整備も完全でないので、またまた車道を勧められました。仲間がいれば行きたかったのですが状況が分からないので、安全のため車道を歩きました。遍路道なら４㎞が車道を歩くと9.5㎞となり距離は遠くなる分、標高８００ｍの山越えをしないですみます。しかし時間はたいして変わらないので歩きお遍路にとって、本来の遍路道を歩けないのはさびしい面もあります。

舗装されている幅４ｍ程度の道を次へと歩を進めました。途中、材木を積んだトラックと県外ナンバーの乗用車が手を振って通り過ぎました。乗用車は別格霊場を参拝する人でしょう。あとは犬や猫とも出会いませんでした。

三角寺の奥の院である別格13番（仙龍寺）は、靴を脱ぎ通夜堂の上に本堂と納経所がある珍しい寺です。下りる途中に別所銅山の看板が立っていましたが、おそらく廃墟になっているのでしょう、状況が掴めないのでそのまま通り過ぎました。

88ヶ所の本来の遍路道に戻り、別格14番（椿堂）へ。ここの若い住職は愛想も良く、「別格霊場を歩きで参拝している人からは、御朱印代はいただきません、お接待です」との言葉をいただきました。気持ちの問題で非常に気分が良くなり、帰りに再度本堂にお参りして、同額を入れました（お互いがすっきり）。

●ポイント●

・遍路道と車道を歩く距離は違うが、時間的にはほぼ一緒

## お遍路41日「林芙美子の放浪の旅」

■別格15番（箸蔵寺《はしくらじ》）⇩宿泊：旅館（小西旅館：三好市池田町白池）

**花の命は短くて　苦しきことのみ　多かりき**

高校生の遠足で鹿児島の桜島にある古里温泉に行ったとき、林芙美子（1903〜195I）の文学碑がありました。それ以来女流作家が鹿児島県出身でこれを作詩したものと思い込んでいましたが、違うことを知りました。

たまたま今回の遍路宿で、四国を放浪中に林芙美子が宿泊した2軒の宿に巡り会いました。1軒は、37番（岩本寺）の宿坊に予約を入れたものの満室だったため、門前に近い宿を取ったのですが、それが「美馬旅館」でした。少々高くはありました、林芙美子が昭和16年に宿泊した部屋が空いていたのでお願いしました。2階の道路側の角で、6畳の応接間・奥が8畳の寝室、床の間の横に元総理大臣「吉田茂」直筆の書が掛かっていました。明治24年創業、築110余年で、外観は古く部屋もそのままで、いかにも老舗の旅館という感じで、文人・俳優・政財界人が過去に宿泊していました。主人が4代目で小料理屋を兼務しているので、料理は最高でした。

2軒目は、別格15番（箸蔵寺）の手前で徳島県三好市池田町の白地温泉にある「小西旅館」です。ここも次の日の66番（雲辺寺）を打つために都合の良い旅館ということでたまたま予約しました。同じく昭和16年の放浪の旅で、10日間程宿泊したそうです。ここの凄いのは、玄関に林芙美子の記念碑まで建てて、ロビーには、写真・色紙・原稿・書籍など多数展示しているところで、芙美子ファンならぜひ訪れたい博物館以上の価値があります。当時の「婦人公論」に両方の旅館名が載っていました。

女将さんの話によれば、当時37才の芙美子は女ざかりで写真より奇麗な女性で、その頃は吉野川のダ

美馬旅館（四万十町）

ムが無く清流の川辺の宿で、先代が林芙美子を気に入り河原へ良く連れて行ったらしく、いろいろと噂も立っていたとのことでした。

●ポイント●
・偶然の宿も心に残る宿がある

## 伊予の国（菩薩の道場）を終えて

伊予の国（菩薩の道場）を終えて、88ヶ所霊場が65ケ寺と、別格霊場が15ケ寺、それに番外が十数ケ寺と、あってないような計画通りの4分の3程度が終了しました。

非日常的な生活環境で過ごすと教科書に載っていないこと、新しい知識、なるほどと思う事柄に多く出会います。

お参り方法も千差万別で、先日は喜寿ぐらいの女性が、納経後にやおら紙切れを取り出し、家族10名ほどの氏名と年齢と願い事を詳しく順番に、大きな声で読み上げてお願い事をしていました。家族構成などプライバシー丸見えで、隣の人が噴き出していました。

私の信仰心は、他人にいえたものではありませんが、一応基本マナー通り宗派は違うもものの、ローソクと線香を供えて、お経と真言も唱えています。信仰心があるから参るのか、参るから信仰心が湧いてくるのかといえば、後方になるでしょう。

家では、妻が毎日仏壇の花の水を変え、お茶と御飯を供えていますが、私は朝夕のお参りもろくにせず、家族の命日ぐらいしかしていません。妻が一家の代表でお勤めしてくれるので心から感謝しています。

40数年前の入社後間もない営業所勤務のとき、ライトバンの新車が納車されました。先輩が「神社にお祓いに行くぞ」といって連れて行かれて、車の横に立ち頭を垂れてお祓いを済ませました。当時で３千円ぐらい支払い領収書を貰って帰社後、事務係に領収書を出して、精算方法を習い済ませました。

翌日先輩が所長に呼ばれて、

「この領収書は何か？」と聞かれていました。

「買い替えの新車が納車になったので、安全祈願に神社に行ってきました」

と返事したところ、

「ホー、安全祈願すれば事故がなくなるのか、隣の営業所は、神社にお祓いに行き、帰りに事故にあっているぞ！」

と言われていました。

先輩が、なんと返事したか記憶が定かでありません。事前報告なしに行ったのが悪かったのか、あるいは前日の麻雀に負けて機嫌が悪かったのか不明です。

しかし建設業界では、年度初め、安全期間、新規着工現場での安全祈願は慣例になっています。また個人的には、それまでは、神社仏閣に機会あるごとに「お願い事」をしてきました。

これを機会に、お金を出してお願い事をすれば、事故は起きないのか、なんでも成就するのだろうかとしばらく疑問に思っていましたが、何かの本に、この回答が書かれていました。「何回お願いしてもできないものはできない、自分の決意表明と思い、誓いを述べれば良い」と。

それから会社の安全祈願においては、

「事故が発生しないように教育します」

また個人的には、

「病気にならないように、日頃から暴飲暴食を慎みます」

というように、変化してきました。

今回のお遍路に先立ち、１番（霊山寺）でのお参りも、

「道中の交通事故、山道の転倒に気を付けて、さらに暴飲暴食を控えて十分な睡眠をとり、

再度50数日後にお礼に参ります」

と結願の決意を誓って旅立ちました。

これが宗教であり、心の持ち方、捕らえ方、こだわり、もう一人の自分との戦いなのではないでしょうか。

「溺れる者は藁をも掴む」、「苦しいときの神頼み」……これも人それぞれ自由です。

これまで40数年間、この気持ちできたので、あそこの神社仏閣にいくら賽銭をあげたのに、ご利益がなかったといったことは一度もありません。

# 第四章　讃岐の国

## ——涅槃の道場

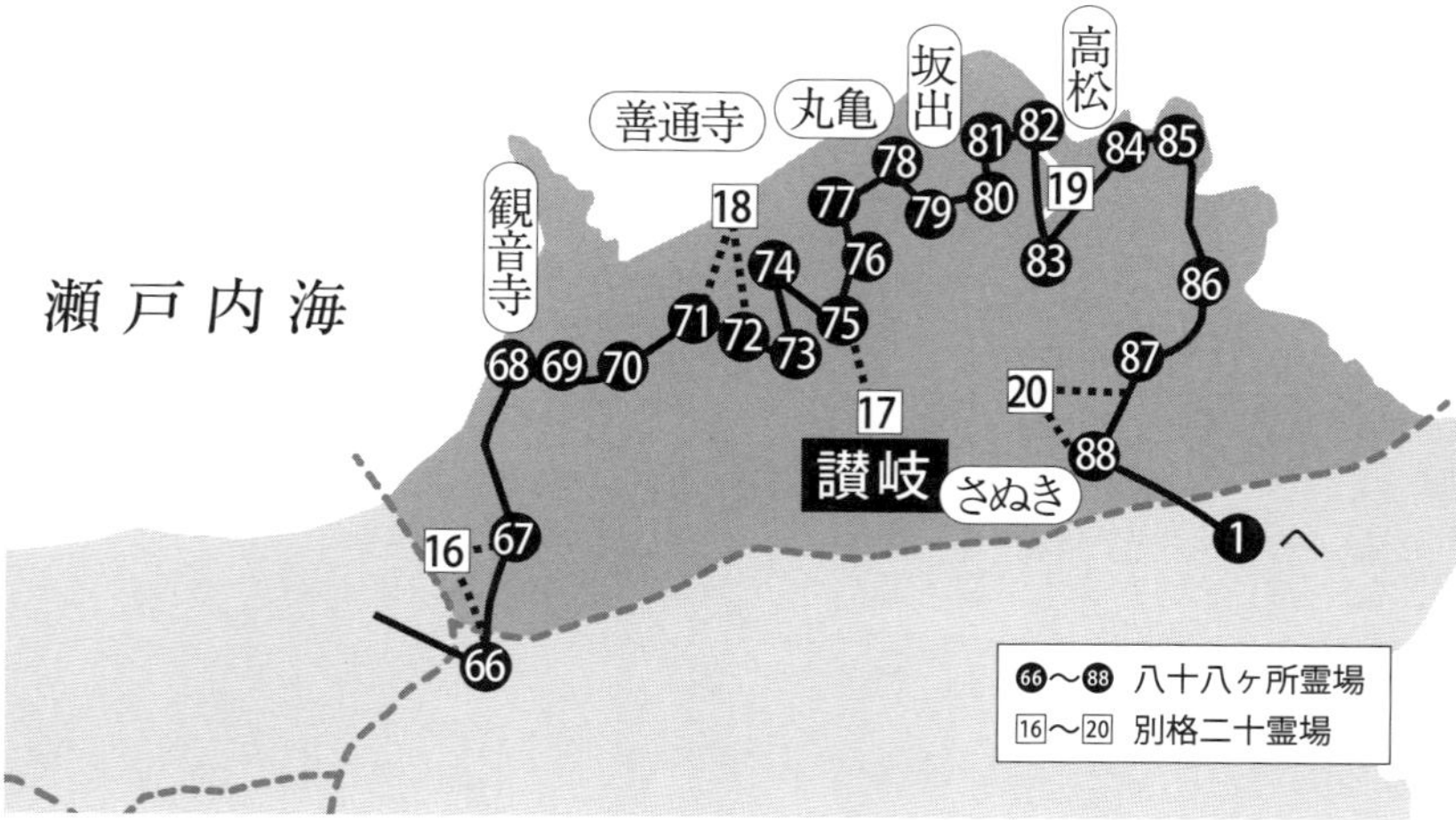

## お遍路42日目「愚痴が減り、結願が見える」

■66番（雲辺寺《うんぺんじ》）⇩別格16番（萩原寺《はぎはらじ》）⇩宿泊：かんぽの宿（観音寺市）

「愚痴が多い」の項で、不平・不満・弱音・嘆きなどの禁句について記載しましたが、ここ迄くると初心者はいないので、宿・札所・道中で仲間と話しても、愚痴はほとんど聞きません。1ヶ月以上、1千㎞の道を歩いてきているので、それなりの肉体的苦痛あるいは精神的な苦労にも耐えた成長がお互いに伺えます。いわゆるいつの間にか心身ともに「お遍路仕様」になっています。たしかに、雨が降ろうが、寒かろうが、今日は1日休もうとは思わなくなりました。しかし体力の限界がくれば、1日の距離を短くし、また宿も少々高くても温泉宿で、蓄積疲労を回復する手段を取ります。

また最後の讃岐の国（香川県）に入ると、区切り打ちの新たな仲間に出会い、結願・お礼参り・高野山への報告・苦労話などについて話が弾み、結願の宿の情報もいろいろと入ってきます。

88ヶ所霊場（札所）だけを参拝する人は、あと7日程度、別格20霊場（札所）を同時に参拝する人は9日から10日程度で結願となります。やっと佳境に入り、トンネルの明かりが見えてきました。ここから先も、体力だけで歩くのではなく、「足と心」で「結願」の2文字を目指します。

## お遍路43日目「歩きも立派な禅の修行である」

■67番（大興寺《だいこうじ》）⇩68番（神恵院《じんねいん》）⇩69番（観音寺《かんおんじ》）⇩琴弾《ことひき》八幡宮（銭形の砂絵）⇩70番（本山寺《もとやまじ》）⇩71番（弥谷寺《いやだにじ》）⇩宿泊：ふれあいパーク（多度津町）

僧侶の修行には、何日間も護摩を焚きながらお経をあげる護摩行、山岳で行う修験道《しゅげんどう》、寒中の水行、火の上を歩く火渡り修行などの精神力と体力の必要な荒行があります。はたして歩きお遍路は、修行といえるか、何回も自問自答しました。僧侶でもないアスリートでもない凡人が行うからこそ、個人の可能性の範囲で納得すればそれで良いので、これが四国お遍路です。

私が毎年参加している１００キロウォークは、競争ではなく、人の力を借りずに、自己の限界への挑戦として26時間以内に完歩することを目標にした大会です。

長時間のため足の強さだけでは完歩できません。肉刺ができて痛いのは当たり前。その痛さと、後半になると深夜の睡魔、さらに人家のない暗闇をヘッドライトの明かりを頼りに歩く孤独との戦いに耐えて初めて完歩できます。

フルマラソンの完走率が通常90％程度に対して、１００キロウォークは約60％（平成28年度）の完歩率をみるとマラソンと違う体力と精神力が必要なことがわかります。

お遍路も同じで、長期間の歩きのため、それなりに「足と心」で歩かなければ結願はできません。すなわち「歩き」も立派な「動の禅」で「歩禅」と認識しています。

## 職業遍路はいるか

これは、私の造語でお遍路を生活の糧にしている人を指しています。途中でいろいろなお遍路の話を見聞きしましたのでまとめてみます。

昔の僧侶は、空海の修行にあやかるために、四国の霊跡で修行を重ね、そのとき乞食《こつじき》しながら一般家庭を回りお経をあげた換わりに、生活品をいただいていました。現在は、高野山の学僧侶および一般僧侶でも、ごくまれだそうです（高野山の学生は、必修科目として遍路の単位を設けてもらいたいですね、それも乞食しながら）。

また、昔は不治の病に掛かったら村八分にされてさらにお遍路に出されて、一生を終えていた話も聞きました。一般のお遍路に紛れて、善根宿などで金品を失敬し、または掛軸などを盗む泥棒遍路もいたそうです。

現代の修行遍路ですが、巡拝中に3名に出会いましたが、まだ数名はいるそうです。今は、おへんろ協力会で、境内での施しは禁止されています。

67番（大興寺）の門前から少し離れた駐車場の横に、菅笠・金剛杖・白衣を着用して右手に鉢を持ち、微動だにしないで立っているお遍路（40才代）に興味が湧き声をかけました。鉢をのぞくと4枚のコインがあり、大1枚のコインを入れるとチャリリンと澄み切った音がしたので、鉢は本物です。話を聞くと、遍路が好きなものの、金がないので生活費を稼ぎながら参拝しているとのことでしたが、目的の意志がはっきり理解できませんでした。都会の浮浪者とは違うように見えましたが、少なくとも修行僧には見えませんでした。心の病があり自力で結願するのであれば、それなりの結果がでる可能性は大いにあるので、期待を込めて〝私もまだまだですが、がんばってください〟と小声でいいながら別れました（バスツアーの団体から〝物貰いが2人いる〟と強い視線を感じました）。

時間と興味のある方は、次の場所で修行をすれば、新しい閃きと感動に出会うかも知れませんので、ぜひ挑戦してみてください。

・穴禅定《あなぜんじょう》

別格3番（慈眼寺）の納経所からさらに標高１００ｍほどきつい坂を上ったところに鍾乳洞でできた洞穴がありますが、体力のない人にとっては、ここまでくるのも修行になります。ひと一人がやっと通れる岩と岩の間を、導師の先導により「右手を入れて、次に右足をいれて……」指示に従わないと通過できません。

・舎心ケ嶽《しゃしんがだけ》

21番（大龍寺）より標高１００ｍ（15分）上部で、空海が修行したと伝えられている場所です。空海の坐像のある近辺は、足場が悪く鎖を使用します。女性子どもは厳しいですが、坐像の横に座り下界を眺めると最高の絶景が心を「無」にしてくれます。

・逼割禅定《せりわりぜんじょう》

45番（岩屋寺）納経所で鍵を受け取り、ひと一人通れる真二つになった裂け目を通り、さらに綱を伝って登り、次に鎖を伝いながら、最後に梯子で岩場へ登ると白山社の祠《ほこら》がありますす。ただし、高所恐怖症の人とスカートの人はやめた方が良いでしょう。もうひとつ、凝灰岩でできた「穴禅定」も本堂の中にあります。

・**捨身ヶ嶽禅定**《しゃしんがだけぜんじょう》

73番（出釈迦寺）の奥の院で、本堂より標高150m（50分）上方で、空海が七才のころ、断崖絶壁から身を投じた伝説の場所です。凡人は投身したら命はないでしょうから、絶壁から讃岐平野と瀬戸内海の絶景を味わうだけにしてください。

・**戒壇院めぐり**

75番（善通寺）の御影堂地下にあり、暗闇《くらやみ》の中をコンクリートの壁を手探りで進みますが、カーブもあり方向感覚がなくなって前後が分からなくなります。数十m進むと、お大師さまに会えます。お大師さまと結縁できる道場で、ハイテクの声で諭してくれます。ここも閉塞感に弱い人は、遠慮した方が良いです。ほかに滝行、座禅もありますので、各住職に尋ねたら自分に合った修行に出会えるかも知れません。

**●ポイント●**

・修行を意識しているお遍路なら、ぜひ「禅」にチャレンジすべき
・歩くことそのものが「禅」である

## お遍路44日目「空海の生誕地戦争」

■番外（虚空蔵寺《こくぞうじ》）⇩海岸寺奥の院（大師堂）⇩別格18番（海岸寺本堂《かいがんじ》）⇩番外（佛母院《ぶつぼいん》）⇩72番（曼荼羅寺《まんだらじ》）⇩73番（出釈迦寺《しゅっしゃかじ》）⇩番外奥の院（捨身ヶ嶽禅定）⇩74番（甲山寺《こうやまじ》）⇩番外（仙遊寺）⇩75番（善通寺《ぜんつうじ》）⇩宿泊：宿坊（善通寺）

75番（善通寺）より北西に4㎞の瀬戸内海が見える海岸際に、別格18番（海岸寺）の本堂があり、道路を隔てた200m先に海岸寺奥の院の大師堂があります。住職の話によると、昔は海岸寺境内そのものが広く、同一敷地内にあったが、境内の中を道路が通り分断されたのに伴い、本堂と大師堂も別々になってしまったそうです。ここは必ず両方の寺をお参りするよう住職に勧められました。海岸寺には、産井《うぶい》や産盥《うぶたらい》など弘法大師ゆかりのものがあります。

海岸寺（本堂）の納経所の係りが異色の人（男性77才）で、元消防士で受勲もされていました。先代の住職に懇願されて15年前より納経所の業務につかれています。最初は御朱印の発行のみしていたが、お遍路もそれなりの知識のある人もいるため、質問に対する回答ができるように、猛勉強されていました。他の札所の納経所では質問しても、御朱印発行のみで回答できない係りも結構います。

今では、お遍路関係を含め宗教関係の歴史的なことについては、誰にも負けない物知り博士になられています。奥の部屋には、絶版になった本や仏教関係の書籍が図書館のように並んでおり、先代から引き続き研究されたことが伺えます。

小一時間ほど貴重な話をいろいろとご教示いただきました。また先代住職が別格20霊場会創設発起人でもあったそうですが、８年前に亡くなられていました。発足当時の経緯が知りたかったのですが、聞けなくて残念でした（他の寺で聞いた別格霊場の選定基準は、弘法大師と因縁が深いか、地域に密着した宗教活動をしているか、また、地域の人たちに愛されている寺か……などで想定内の解答でした）。

四国で88ヶ所または別格20ヶ所に選定されることは、知名度も高まり集客力が違ってきて、最終的にはお賽銭に雲泥の差が付くと思われます。

さらに、ここから５００ｍほど東に、空海の御母公玉依御前の屋敷跡に佛母院がありま す。御朱印をお願いすると、併設の幼稚園の園長をされているご夫人に対応いただきました。産湯の井戸や空海のへその緒の「御胞衣塚（えなづか）」があります。「へその緒を拝見できないでしょうか」と、お願いしましたが、塚しか見られませんという返事が返ってきました（今は科学の世の中、ＤＮＡ鑑定したら空海生誕の地の謎が解けるかも……天才空海の罰があたるか）。

19世紀初頭に、善通寺と海岸寺の間に、空海生誕地争いが起こったそうです。どこが生誕の地かにより、いろいろな面で影響が大きく両者真剣な戦いであったと想像できます。

現在は、善通寺が父方の本宅で誕生所を名のり、海岸寺が母方の出化因縁の霊跡と称することで一応解決しているそうです。しかし海岸寺の話では、寺伝や歴史学からは、この地で誕生したのは間違いないとおっしゃっていました。

私的な見解になりますが、現在お産は、ほとんどが産院で出産するでしょうが、昔は妻が実家に帰って産婆さん（助産婦）の下での出産が多かったので、空海の母も里帰りして出産したのではないかと想像されます（生まれた場所か育った場所か、仏の前で争わなくても良いのではないかと、私が水戸光圀公であれば、仲裁しました）。

## 善通寺でお経に酔う

弘法大師因縁の霊場を参拝して、誕生寺である75番（善通寺）の宿坊が本日の宿泊場所です。

紀州の高野山、京都の東寺ならびに善通寺は、弘法大師の三大霊跡だけあって、境内の広さ・建物・文化財としての価値など他の寺に比較してスケールが大きいです。しかし、京都からきたお遍路仲間が話していました。

「四国のお寺は規模が小さく、寺めぐりには不向きですね。京都は善通寺程度はいくらでもありますよ」

（そうですか、四国の寺は修行寺です。観光だけの目的で参拝しません。……といいたかったです）

朝の勤行が６時から始まりました。お堂の広さが、縦横約30ｍ、高さは普通の公会堂並みで音の反響が非常に良い総木造りです。管長（住職）が正面に、そして左右に12名の僧侶が座り、管長の読経に続き一斉に読経、朝のすき腹に響き眠気も一気に吹き飛びました。声量のある抑揚と素晴しいハーモニーが奏でるお経の意味は解らずとも、ビートルズの体中を揺さぶるリズム感を思い出し、音痴の私でも気持ちよくしていただきました。

古い表現ですが、勤務時代に、得意先の葬式によく行きお経を聴きましたが、あれがレコード盤とするなら、ここのお経は、生のオーケストラ演奏です。

菅長の法話は空海の偉大さおよび１２００年のお遍路についてで、日常の言葉で解りやすい話でした。

●ポイント●

・善通寺は宿泊したい宿坊のひとつです（国宝級の宝物も数多くある）

## お遍路45日目「弘法大師の故郷を２日掛り」

■別格17番（神野寺《かんのじ》）⇩（松尾寺《まつおじ》）⇩（金刀比羅宮《ことひらぐう》）⇩宿泊：旅館（善通寺市内）

75番（善通寺）に宿泊の翌日は、近くの魚勘旅館に宿をとりました。朝から荷物を置いて別格17番（神野寺《かんのじ》）まで、往復24㎞の打ち戻りです。

神野寺の横にある満濃池は土木技術者でもあった空海が、朝廷の命で現場監督となり、堰《せき》の補修工事をしたところです。日本一の灌漑用の溜池ですが、周囲20㎞、貯水量１５４０万㎡あり、池というより湖です。

四国にきた人が、寺参りはしなくても一度は訪れる「金刀比羅宮《ことひらぐう》」は、別格17番（神野寺）への途中にあります。数十年前の慰安旅行のときには奥社まで登りましたが、今回ここまで千㎞以上歩いているので、千三百余段の階段を上るだけの余力が残っていません。まだまだ先があるので、お遍路を優先しました。

お遍路は、番外霊場の松尾寺を参拝すべきと聞いていたので、そちらへ行きました。昔の金刀比羅宮は、参道入口の左側にある松尾寺の境内にある鎮守社でしたが、明治元年の神仏分離令で、一躍〝こんぴらさん〟で有名になり、寺の方は門前町の一隅を照らす立場になっています。

また善通寺市は、乃木希典《のぎまれすけ》大将率いる、第11師団の初代師団長を務めた駐屯地でもあります。

現在は、陸上自衛隊善通寺駐屯地となり、その一角に「乃木館」があります。建物は明治31年当時のままの外観が残っています。通常は予約制の入館であるが、アポイントなしで訪問したにもかかわらず丁寧に応対していただきました。係りに小一時間ほど案内していただき、乃木大将の執務室の破れた椅子、勲章、新聞、戦略図面、秋山好古・貞之兄弟の資料など、当時の様子を伺い知る貴重な資料館でした。幸いにも司馬遼太郎の『坂の上の雲』のテレビ放映後で、非常に興味のある資料館を見学できました。

なお乃木大将は、ここから4㎞先の76番（金倉寺《こんぞうじ》）を宿舎にしており、その寺にもいろいろなエピソードが残されています。

※金刀比羅宮《ことひらぐう》は、琴平町にあり、サンクリット語の「クンピーラ」の語源が「コンピラ」（金毘羅）になり、通称〝こんぴらさん〟の愛称で親しまれています。表現が「金毘羅宮」、「琴平宮」いろいろあります（諸

説あり)。

●ポイント●

・71番と72番および別格17番と18番は、番外霊場のどこを参拝するかにより、順番を変更した方が良い

**お遍路46日目**

■76番（金倉寺《こんぞうじ》）⇩77番（道隆寺《どうりゅうじ》）⇩78番（郷照寺《ごうしょうじ》）⇩79番（天皇寺《てんのうじ》）⇩80番（国分寺《こくぶんじ》）⇩宿泊：かんぽの宿（高松市国分寺町）

## お遍路47日目「お寺の配置はバランスが良い」

■81番（白峰寺《しろみねじ》）⇩82番（根香寺《ねごろじ》）⇩別格19番（香西寺《こうざいじ》）⇩83番（一宮寺《いちのみやじ》）⇩宿泊：温泉宿（高松市鹿角町）

通常お寺がある場所は、寺を中心に檀家または門徒があり、町が栄えたイメージがありましたが、ここ四国の大半のお寺は、山あり谷あり、なぜこんな山奥の人家の無い場所に開創したのか、最初の頃は仲間とぶつぶついいながら歩きました。たしかに山に登り山頂で参拝して次の寺へは、一旦下りて、再度登らなければなりません。山の尾根つたいにあれば、非常に楽なのに、効率が悪いです。

ところがここ迄くれば、良くできたコースとつくづく思うようになりました。というのは、山岳に入ったらしばらく海は見えない、飽きたころに海岸線にでます。山と違う景色を素晴しいと感じさせます。3日も歩かなければ次の寺に着かないところもありますが、１日に10ケ寺も参拝するところもあるので、単調ではなく変化があります。さらに山門に着いて安心すると、甘い甘いと急な階段を何百段も上るところもあります。また81番（白峰寺《しろみねじ》）から82番（根香寺《ねころじ》）のように、山の尾根つたいに行ける寺もちゃんと用意してありました。

普通の寺は、日常檀家（門徒）の人たちがお参りするために創建されています。しかし四国88ヶ所霊場は、弘法大師の修行の行場として縁のある寺が始まりで、霊感漂う場所と理解すれば納得できます。

また国打ち（県別）の意味もようやく、ここまできて理解できました。

・阿波の国の「発心の道場」で、悟りを求め仏道修行を行うことを決意して、旅の一歩を踏み出し、足を慣らしながら作法を学び次のステップへ。
・土佐の国「修行の道場」では、寺と寺の長い距離で、心身を鍛えながら、弘法大師の足跡を追い、重い心の荷物は捨て、「無と空」を学びました。
・伊予の国「菩薩の道場」では、土佐で修行した心身をいたわりながら、お接待を受ける側から、相手の愚痴を聞く心が芽生えてきました。
・讃岐の国「涅槃の道場」では、さまざまな苦を絶ち一切の煩悩を消滅して、悟りの境地……までは、まだまだいっていません。

このように、体力的および精神的にも、バランスの取れたお寺の配置が、修行の場所になっていることに、いまさらながら気付き理解できました。

●ポイント●

・四国の霊場（札所：寺）の配置は、バランスよく配置され理にかなっている

**住職の逆質問に戸惑う**

82番（根香寺《ねごろじ》）を打ち、別格19番（香西寺）へ向う遍路道は、人通りが少ないにもかかわらず整備されていました。下りの途中に高松市内からはるか遠方に見える吉備の国（岡山県）の眺めは、久し振りの快晴が加勢して最高の絶景でした。

高松市内の西の外れの山裾にある香西寺は、他の別格霊場と同様に閑散としていました。納経所が閻魔堂《えんまどう》と一緒の屋根の中にある珍しい寺です。同年代くらいの住職にいろいろとお尋ねしました。ここの寺の歴史とその変遷はなかなか複雑で、寺号も数度変更され、戦

火にも遭い、場所も何度か変更になっていました。

最後に、住職から、

「ここまで、苦労も多かったと思いますが、何か得られましたか？」

と突然質問を受けました。今までは、聞くことに専念していて、心の整理もできていないことを申し上げたうえで、次のような話をしました。

人生70年近く生きた期間に比べれば、僅か1カ月半の出来事ですが、お遍路仲間、地元の人たち、お寺の関係者など多くの人たちに出会い、さまざまな生き方また知恵と知識などを学びました。１２００年続くお遍路文化のお接待を通して、最初は、受けること自体が嬉しく思えましたが、そこから、思いやりと功徳が何かを学びました。

私は欲張りで、お遍路の目的が多数あるため総花的で、個別的には内容が薄いです。そのひとつに、自分探しをあげていましたが、遍路道に落ちているものでもなく、無理して探す必要もないのではと思い始めました。

宗教論とか哲学的な難しいことを含み、一般大衆と信仰心の関係もまだまだ理解していません。しかし、神仏習合あるいは神仏分離、真言宗の加持祈祷などは、本を読めばある程度理解できるかも知れませんが、「百聞は一見に如かず」といいますように、お遍路にきたからこそ学べたことがたくさんありました。さらに、自分の心の狭さと知識のなさを考えれば〝人〟としてまだまだと痛感しました。

最後に、

「心の整理すらできずまた余裕もなく、総括ができていませんでしたが、住職の言葉で自分を再度見つめ直す機会になりました。有難うございました」

と感謝の気持ちを述べました。

山門で深ぶかと頭を下げ、今日の最終札所83番（一宮寺）へ、私のこだわりの旅もそろそろ佳境へ入ります。

（山門を出たところで、お経も棒読みではあるが、少しは成長しているな、心の迷いもない……と住職の呟きが風に乗って聞こえたような気がしました）。

●ポイント●

・修行のこだわりがあれば、機会あるごとに旅の整理、心の整理も必要

**多くの文化遺産が消滅している**

参拝後に時間のある限り納経所の関係者に、寺の宝物、歴史、建物についてお尋ねしていますが、ここまできてある疑問が解けました。

本日の別格19番（香西寺）もそうですが、讃岐（香川県）の寺は戦火により多くの仏閣が消失しています。特に土佐藩の長宗我部元親の兵火によるものが多いと感じました。また土佐（高知県）の寺は、明治の神仏分離令（１８６８）による廃仏毀釈《はいぶつきしゃく》運動で仏教寺院、仏像、経巻など大半が消滅しています。

神仏分離令の目的は、仏教排斥を意図したものではないかも知れませんが、江戸時代後半より寺院の特権が強くなり、さらに仏教界の腐敗に対して、民衆の反発が重なり、そこに新政府の神仏分離令で一気に廃仏運動が加速したのでしょう。

私の故郷の大隅藩（鹿児島県）には、古い寺が残っていますが、薩摩藩（鹿児島県）の寺はほとんど明治以降に再建されたものです。たしかに美濃藩(岐阜県)、土佐藩(高知県)、伊勢神宮近辺（三重県）も神仏分離令の影響が大きく、地域により温度差があることを改めて知りました。

これは、日本史上最悪の文化遺産の破壊行為ではなかったかと思われます。かろうじて、寺関係者の力で事前に、仏像など価値あるものを持ち出して難を逃れた寺も多くありました。

日本の遺産は木と紙が主力で、世界に類を見ないほど木を愛し、木に親しみさらに紙の文化を築き育んできましたが、火には弱いのでなおさら保存が難しかったと思われます。

昔から政治と戦争と宗教は関わりが大きく、今でも世界遺産が壊されるのをみると、歴史は繰り返すのかと、世界平和への思いと先人たちの偉大な遺産、貴重な財産を後世に残す必要をつくづく感じました。

遺産として興味があるのが、あとふたつあります。

ひとつは、五重塔（三重塔含む）で、その姿形の美しさ、構造の巧みさは高層建築でありながら、地震や台風にも驚異的ともいえる強さを発揮しています。特に内部の心柱《しんばしら》と軒先の垂木《たるき》の構造に興味があります。今回四国に10塔程度残っていましたが、内部は事前に了解をいただいていないので見られませんでした。

もうひとつは、城の天守閣です。これも江戸時代の一国一城令（１６１５）、明治の廃城令（１８７３）およびその後の戦火で壊されて、現在江戸時代以前の天守閣は、日本全部で12ヶ所しか残っていません。その内の丸亀城、松山城、高知城、宇和島城が四国に残っています。

金属材料、セメント、機械工具などのない時代に、職人の手による知恵と工夫を凝らした匠の技を見ると、日本の木の文化と漆喰の技術を垣間見ることができます。

●ポイント●
・遍路道沿いに、多くの文化遺産が残っているので、立ち寄る価値がある。

## 御朱印（スタンプラリー）

四国のお寺も休日は、親子連れの参拝者に良く出会います。両親は本堂へ向いますが、子どもは納経所を見つけると駆け込み、

「これお願いします」と同時に、

「はい３００円」と差し出す光景を良く見かけました。

旅行目的が主で参拝し、その中で子どもにも楽しみを与えて家族での参拝も、またひとつの意義があるように思えます。

地方のお寺に行っても、女性が納経所に立ち寄っている風景を見ると、静かな寺ブームと御朱印ブームを感じます。御朱印は、参拝しなければ貰えないので、参拝の記念、参拝できない親への土産、旅の思い出など、目的は何であれ四国の参拝者は義務みたいにいただいています（お賽銭より、こちらの出費が多いのでは）。

バスツアーの人は、添乗員が出発の日に納経帳を預かり、終了と同時に渡しますので、直接墨書きするところは見られません。墨書きは、芸術的でアートにも匹敵し、同じ寺でも書く人により個性がでて微妙に違います。四国の納経帳は順番になっていますので、後で見てもどこの霊場（札所）か分かりますが、達筆過ぎる崩し書きは読めないのがたくさんあります（読めないのが良い、お経もわからないところに有難みがある）。

お遍路仲間に、10年ぐらい前の納経帳を見せていただきましたが、墨書きでなくスタンプがところどころありました。今は、88ヶ所の札所および別格20の札所は、すべて墨書きです。しかし番外霊場はスタンプのところも結構ありましたし、住職が不在のときは、予め紙に書いてあるのを係りの人にいただいたところもあります。

御朱印は本来、納経（お経をあげ）または写経（お経を写したもの）あるいは写仏（仏の絵を移したもの）を奉納した証として、納経帳に記帳し朱印をいただくものですが、今は参拝者の要望と寺側の本意が合ったのでしょう（仏の世界も、下界も欲しいものは◯です）。

墨書きは、神社・仏閣・宗派により違いますが、右側に「奉納（奉献）」、真ん中の上は「梵字《ぼんじ》」で、家の家紋みたいなものです。その下は本尊名で、例えば釈迦如来・不動明王・地蔵菩薩……など寺により信仰の対象として最も尊重されている仏像の名称です。ちなみに真言宗は13仏あります。左は「寺号（寺の名前）」です。

御朱印は、四国88ヶ所および別格20霊場は、右上に札所番号「四国第○○番」または「四国別格第○○番」、中央が「三宝印」、左が「寺印」です。2回目からは、御朱印のみです（開いて10秒も掛かりません、でも3個で３００円です）。

（奉　納）奉　納
（梵字本尊名）釈　迦
（寺　号）霊山寺

１番：霊山寺の御朱印

市販の納経帳には、88ヶ所以外に、お礼参りの寺および高野山の「枠」が固定印刷されているので、こだわりのある人は行かざるを得ません。納経掛軸に関しては、真ん中の「御宝号」の回りに、90個の固定枠があるので、お礼参りと高野山への報告の「御朱印」がなければ、だるまの片目だけと同じで、家宝として仏間に飾れません。

高野山で、「郵便では駄目ですか」と尋ねましたら、「輸送での受付はしていません。ぜひお参りしてください」という返事が返ってきました。

※御宝号：真言宗は、「南無大師遍照金剛」、浄土真宗は、「南無阿弥陀仏」、日蓮宗は、「南無妙法蓮華経」などです。

●ポイント●
・御朱印帳・掛軸には、氏名と携帯番号を記入する（忘れた場合に連絡してもらえる）

## 遍路48日目「石工との出会い」

■84番（屋島寺《やしまじ》）⇩番外（州崎寺《すさきじ》）⇩85番（八栗寺《やくりじ》）⇩86番（志度寺《しどじ》）⇩87番（長尾寺《ながおじ》）⇩宿泊：結願の宿（ながお路）

85番（八栗寺）の手前は、高松市牟礼町で石匠の里と呼ばれ、古くから石の加工が有名です。石加工場が見たくて遍路道から少し横道に入ると大小の石材工場が並んでいました。良からぬ癖がまたでてきました。昔、初級管理職の研修のときに、講師が皆に次のような質問をしました。

「ある僧侶が旅の途中に石切り場で石工に遭遇しました。僧侶が、『貴方は、何をしているのですか』と尋ると、石工はなんと答えたか発表しなさい」と。答えは自由で、個別に発表した記憶がありました。

代表的な回答が、次の３つです。

「石を切っています」「墓石を造っています」「石に魂をいれています」

この話を思い出し、僧侶にちょっと程遠いが、試してみようと思いました。

間口3間程度の石の加工場があり、入口の右側に直径2m程の回転鋸が唸りをあげて回り、1m以上の石を切断しています。中央の左には、石の上をローラーが回転しながら往復運動をしているのを見ると、石を磨いているのでしょう。興味がありしばらく見ていると、中から主人らしき中年の男性が入口にこられたので、

「見学させてください」

といいましたら、

「どうぞ中へ、歩きですか、ご苦労様です」

と気軽に声をかけていただきました。

「初めて石の加工場をみました。見せてください。何をされているのですか」

「墓石だよ！」

ちょっと呆気なかった。質問の仕方とロケーションが悪かったか（魂が入ってない、機械では入魂できないか？）。

それから、いろいろとお話を聞かせていただきました。昔は、数人の従業員を使用していたが、仕事が減ったのと機械化により縮小されたとのこと。たしかに、切断と研磨は機

械がしてくれるし、重量物はクレーンを利用すれば、人手は要らない。なお細部の加工および文字は、別の職人さんに委託するそうです。

また、

「私たちの団塊の世代が、ボチボチ終焉を迎えるので、今後忙しくなるのではないですか」

の質問に、意外にも次の返事がありました。

「今の団塊の世代の親が亡くなったときは、墓石を建てる人が多かったが、現在は、散骨葬・樹木葬へと変わり、また都心部に近いところの納骨堂の普及で、墓石が売れなくなった」

そう嘆いていらっしゃいました（そうか、私たちのときは、墓石は不要か）。

驚いたのは、木には正目と木目があるのは知っていましたが、石にも「石目」というものがあり、石を見て切断の方向が判断できるようになれば一人前の匠だそうです。石は85番（八栗寺）の裏の八剣山（八栗山）の石を昔から採石していて、傾斜に添って石目ができているそうです。

主人が最後に、

「興味があれば、すぐ上の右手に、石の民俗資料館があるから、寄って行ったらどうか、詳しく勉強できるぞ」

と親切に教えていただきました。

次の札所への上り口に、資料館への案内看板があり、10分足らずで着きました。周り全体が石匠の里公園になっていて、石の彫刻がところどころにおいてあり、子供の遊び場にもなっていました。りっぱな資料館で、

「お遍路さんは無料です」

とのお接待に、

「きた甲斐がありました」

と受付の女性に返事しましたら、暇なのかいろいろと説明していただきました。

本物の石を使用して、ジオラマ風に、昔の石切り場から加工までの流れが解りやすく展示されていました。石は古代から信仰の対象として扱われ、また建築物の材料あるいは、墓石を含めて芸術品としても人との関わりは深いです。重量物の石を加工して芸術品にする過程を見ると、先人たちの知恵と工夫と労力が伺い知れる展示館でした。

**●ポイント●**

・遍路道を少し寄り道するだけで、いろいろなことに遭遇する

## 歩きお遍路は最高の贅沢、でも誰でも可能

道中でいろいろな仲間に出会いました。お金は無いが体力は負けない自転車の大学生、お金も時間もあるが体力がない喜寿の人、お金はあるが半分は野宿の人、人それぞれで、フルマラソン、１００キロウォーク、登山、お遍路などいずれにしても参加できること自体が健康の証です。

通しの歩き遍路の条件は、「時間」、「体力」、「費用」、「家庭の環境と理解」がなければできません。

一ヵ月半近く家を空けるので自分の仕事、趣味はその間できませんので、必然的にリタイヤした人、無職の人などに限られてきます。

毎日７kg程度の荷物を背負って、20㎞から30㎞歩き、ときには千ｍの山登りもあるので、足だけでは駄目で体力プラスやる気と気合のメンタル面も重要です。

費用は、宿泊と昼食代、御朱印代、お賽銭代など1日ざっと1万円は掛かります。ゆっくりと日数掛ければその分経費が膨らみます。バスあるいは複数人でタクシー使用の方が遥かに安く上がります。

また家庭的には、身近に病気の人または介護老人を抱えていれば、離れることができません。さらに冠婚葬祭もその間参加できなくなります。なにより家族の理解と協力が必要

です。

しかし、時間がなければ、区切り打ちすればできます。菅直人元総理大臣と同じ宿に10ヶ所宿泊しましたが、10年がかりで結願されていました。2年、3年がかりの人はざらです。

体力がなければ、一日に20㎞でも10㎞でも構わないし、ロングコースは公共交通機関もあるので併用でもかまいません。

お金が無ければ、善根宿もあります。気持ちの持ち方次第です。お金があっても、昔の苦労を味わうために野宿していた仲間もいました。しかし、野宿主体のリュックは、15kgから20kgあり、また別の体力と精神力がないと難しいです。

親または妻が病気にもかかわらず、逆にそのために巡礼を続けて万が一のときは途中で帰る覚悟で、歩いている人もいました。

要は、その人の考え方次第で、自由でかつ選択肢はいくらでもあります。それが1200年継続している四国お遍路の理由のひとつでしょう。

●ポイント●
・お遍路の方法は何百通りもあるので、自分が納得すれば誰でも可能

## 神仏の周りにも泥棒はいる

女性の外国人の１人お遍路に何度も出会いました。日本の良いところを尋ねると、道中の治安が良く、部屋に鍵をかけなくて良いのには、ビックリしていました。

お遍路も佳境に入った辺りから、境内および駐車場で、「手荷物は、放さないようにまた車の鍵は忘れないように」という看板を見かけるようになります。また遍路宿、納経所でも、特に、納経掛軸はトイレに行くときも肌身離さず持参するように注意を受けました。盗んで残り少ない御朱印枠を自分で回り、結願させるのでしょう。それかどうかは不明ですが、骨董品店で高額で販売されているので、その道があるのでしょう。男性はトイレ持参も可能ですが、女性の場合は無理で荷物（リュック）の管理を頼まれることがよくありました。

参拝者は基本的に納経帳・納経掛軸はそれぞれ１個の御朱印しかいただけないので、信仰心が強く参拝できない人は購入してでも手に入れたいのでしょう（１人で２本以上の掛軸に、御朱印を貰う裏技を聞きました）。それと納経箱から納札を失敬する人に数回出会いました。それも親が陰になり子どもに奇麗な札を取りなさいと指示していました。50回、

100回以上、参拝した人の納札はご利益があるかも知れませんが、それ以前の問題で、子どもに仏の前で泥棒の躾をするのは、いかがなものか納得いきません。またあるところでは、夫の陰で妻が取っているのも見ました。普通納札箱と納経箱はお堂入口の隅にあるので、真ん中でお参りしていたら端が見えません。隠れてやることは、罪の意識があるのでしょう。

ある納経所で、またまた意地悪な質問をしました。

「納札を取っているのを見かけましたが、あれは良いのですか?」

「良くはないです。気付いたときは注意します」

「あれは、誰のものですか? 祈願した納札が盗まれたと知れば、納めた本人は喜びますかね」

「寺が預かったもので、寺の管理下にあります」

いろいろと禅問答しましたら、本音が見えてきました。

錦(100回以上)の納札は、人気があるので貰いたい人がたくさんいますが、なかなか100回以上のお遍路に出会えません。欲しい人は金を出してでも手に入れたいという心境は分かります。

100回参拝していない人が納札を印刷して、販売した経緯があり、この商売が良いのか問題となり、対応に苦慮しているとのことでした（厳しくしたら、商売で売る人がでてくるので、欲しい人は黙って持っていきなさい……？　また花を盗む者には、悪い人はいない。じゃあそのままでよいのか）。

納札を購入したときに、住所は町名までと電話番号は書かない方がよいことを教わりました。しかし、青札（５回）以上のほとんどの人は、全項目固定印刷していますので、名簿業者は別の意味で喜んで購入するでしょう。時代の流れでプライバシーの問題に発展します。今までのイメージが崩れていきました（一般社会と変わらない、当然か）。

お経の前に読誦《どくしょう》する十悪の戒律を否定形にした「十善戒」がありますが、はたして守られているのか。

**十善戒**

・不殺生《ふせっしょう》…「命あるものを殺さない」
・不偸盗《ふちゅうとう》…「盗まない、理由のないものを欲しいと思わない」
・不邪淫《ふじゃいん》…「異性に対する邪《よこしま》な行為をしない」
・不悪口《ふあっく》…「人を傷つけることばを使わない」
……以下略

山間部を歩くと、猪・鹿・猿などに農作物を荒らされ被害を受けた田畑、山林をよく見

掛けました。また山との境目およびお遍路道にも、柵がしてあり、

「通行したら柵を閉めてください」

という場所に、何回も出くわしました。

奇麗ごとはいっていられません。ある住職は、狩猟免許をとり役所の許可を取り付けて、先頭に立ち、殺生と被害防御に取り組んでいました（時代と共に、宗教界も変遷もしています）。また某寺に税務署が入ったとか？　ご利益《りやく》ではなく、利益《りえき》が上がり金箔の仏像の中に金塊があるのではと野次馬がいっていました（政治と宗教は、本音と建て前が強い世界です）。

●ポイント●
・興味を持ち歩けば、意外にも裏側が見えてくる
・納経掛軸は、肌身離さず（財布は数万円、掛け軸は数十万円）

**結願前夜**

門前の結願の宿「ながお路」に16時半に到着しました。宿泊者は、秋田の2名の女性（還

暦）、千葉の男性（古希）、地元の男性（58才）の５名でした。宿のご夫婦が、遍路道情報および交通機関に詳しく一人ずつ、歩きか車か何回目かにより丁寧にアドバイスされていました。

私も、別格20番（大瀧寺）の打ち方について、途中で得た情報と間違いないか確認と情報をお願いしました。本来の遍路道は現在通行不可能で、一部の遍路道以外は、車道しかないことを確認しいろいろと助言をいただきました。他の人は、結願したら高松へ行くバスの時間をしきりに確認していましたので、お礼参りはせずに帰るのでしょう。別格を打つのは私のみで、明日も１人旅になりそうです。

結願前夜の祝杯をもう少し挙げたかったのですが、皆さん早々と部屋へ引き上げたので、主人と歩き遍路人口の推移、年齢層、男女比などについて雑談しました。

菅直人元総理大臣の色紙があったので、

「本当に歩かれましたか？　角を曲がったら黒塗りの乗用車が待っていませんでしたか？」

と質問したら

「ここを最後のベースキャンプにして、秘書と２人でしたが、最後まで歩かれました」

10年掛かったそうです。

たしか、徳島の宿では、総理大臣を辞めてすぐで、SPを含め4名の随行員だったのが、10年後2人。それにしても10年掛けて結願する努力には、同じ年代人として敬服しました。お金はあるが、時間がない典型的な例ですね。私は時間ならいくらでもありますが、お金に限度があります。主人と笑いながらの結願の夜でした。

## お遍路49日目「お遍路人口の推移」

■おへんろ交流サロン⇩別格20番（大瀧寺《おおたきじ》）⇩宿泊：さぬき温泉（高松市塩江町）

朝７時前に玄関で一緒になった男性の白装束姿からオーラが漂っていたので、同行をお願いすると、気持ち良く返事されて、おへんろ交流サロンまで１時間超、ご一緒させていただきました。

香川県三豊市在住でお遍路を始めて９年目、本日が31回目の結願でした。公認中先達（案内人）の資格も取られている大ベテランに遭遇しいろいろと話を伺うことができました。

某銀行の管理職で、四国中を転勤しながら時間があれば、区切り打ちをして、今回が最後の年休で初めての通し打ちとのこと。

しかも定年を待たずに、第二の職場を断わり、元気な内にしかできない先達を選択されていました。31回目の納経帳は、御朱印のため墨書きの跡が僅かに見えますが、ほぼ真っ赤で、ご利益の重みをずっしりと感じます（納経帳は、２回目から朱印のみで、50回目になると真っ赤になり、重さが１㎏以上重くなるそうです）。

87番（長尾寺）から５㎞のところに、遍路資料展示館とおへんろ交流サロンがあり、四国遍路に関する写真や江戸時代からの納札、納経帳、納経掛軸など貴重な資料が数多く展示され、興味のある人は退屈しません。

おへんろ交流サロンで、歩きお遍路は、「四国88ヶ所遍路大使任命書」がいただけます。結願して２千円出せば、「結願証」が貰えますが、歩きお遍路にとっては、この小さいアンバサダーの任命証書の価値が上です。特に、平成26年度はお遍路開創千二百年の節目で貴重な遍路バッジが貰えました。

お遍路人口に興味がありましたので、任命書発行で忙しい中を係りの人にお尋ねした推移が次表の通りです。これは、歩きお遍路への任命書発行数で、自転車利用も入っています。遍路宿でＰＲしているので、歩きの人はほとんどここに寄ると思われます。しかしこの場所を知らない人、興味のない人、数回以上で寄らない人もいるので、実際は少し多いかと思われます。

後は、私が宿、寺、門前のお店などで聞いた情報から判断しますと、通し打ちの人は年間、数百人さらに逆打ちは、区切りを入れて百人程度ではないでしょうか。自転車での結願は、年間百人程度だそうです。

男性と女性の比率は、6：4ぐらいで、交通機関を利用して20～30日間で結願されるお遍路も、表には入っていると思われます。

またピーク時に1番から11番を歩く人は、一日に30～50名に対して、88番では20～30名程度ということは、結願を夢見て歩き始めた半分近くは、リタイヤということになります。

歩きお遍路の推移

| 年度 | 歩きお遍路数 |
|---|---|
| 2001 | 831 |
| 2002 | 1,027 |
| 2003 | 1,329 |
| 2004 | 1,693 |
| 2005 | 1,835 |
| 2006 | 2,770 |
| 2007 | 3,229 |
| 2008 | 3,183 |
| 2009 | 2,929 |
| 2010 | 2,856 |
| 2011 | 2,419 |
| 2012 | 2,478 |
| 2013 | 3,222 |
| 2014 | 3,447 |
| 2015 | 2,554 |

※おへんろ交流サロンのデータでお遍路大使任命書発行数

●ポイント●

・遍路資料展示館とおへんろ交流サロンは、寄る価値がある

## 別格20番（大瀧寺）結願

遍路道沿いにある、18世紀初期の国指定重要文化財の細川家住宅に立ち寄り、さぬき市落合の「さぬき温泉」旅館に12時に到着しました。讃岐うどんを急いで食べながら、宿の主人に別格20番（大瀧寺）までの詳細情報を聞きました。ここから札所まで10㎞、ここが標高300mで札所が900mあるので、その差600mの上りです。普通の人で往路が3時間、復路が2時間半、お参りが30分として、6時間掛かります。6時半までは、明るいのでぎりぎりです。最悪の場合は打ち戻りで明日チャレンジすることにして、ナップサック（簡易リュック）に納経帳、水、地図、カメラの最小限を入れて12時半に出発しました。

道路は緩やかなつづら折りの上りで、凸凹の舗装ではありますが、車が少ないので山岳の遍路道より歩きやすいです。ダム工事中のガードマンに、歩きのお遍路が本日何人通ったか尋ねたら、たしか4名ぐらいと返事がありました。

途中は、ダム建設に伴う野鳥の調査をしている役所の人と会っただけで、あとは乗用車が4台と工事用のトラック数台とすれ違っただけでした。

15時過ぎに到着し、お参りを済ませて、境内を散策後に納経所に行くと住職から「遅いお参りですね、今日は貴方で歩きお遍路は5人目です、ご苦労様でした」といわれてお茶を一本いただきました。このお茶の美味しかったこと、また一本しか持参せずそれも途中で飲み干し、途中にジューススタンドは、１軒もなかったので帰りが不安でしたが、ありがたいお接待に感謝です。

住職の話も聞きたかったのですが、灯りの準備をしていなかったので、きた道を急ぎました。旅の途中経過のため結願の感慨深さはさほどありません。坂を下りながら良くぞ参拝できたなと夕焼け空を眺めながら旅路の宿へ向いました。16時前に札所を出て、なんとか明るい18時に着きました。

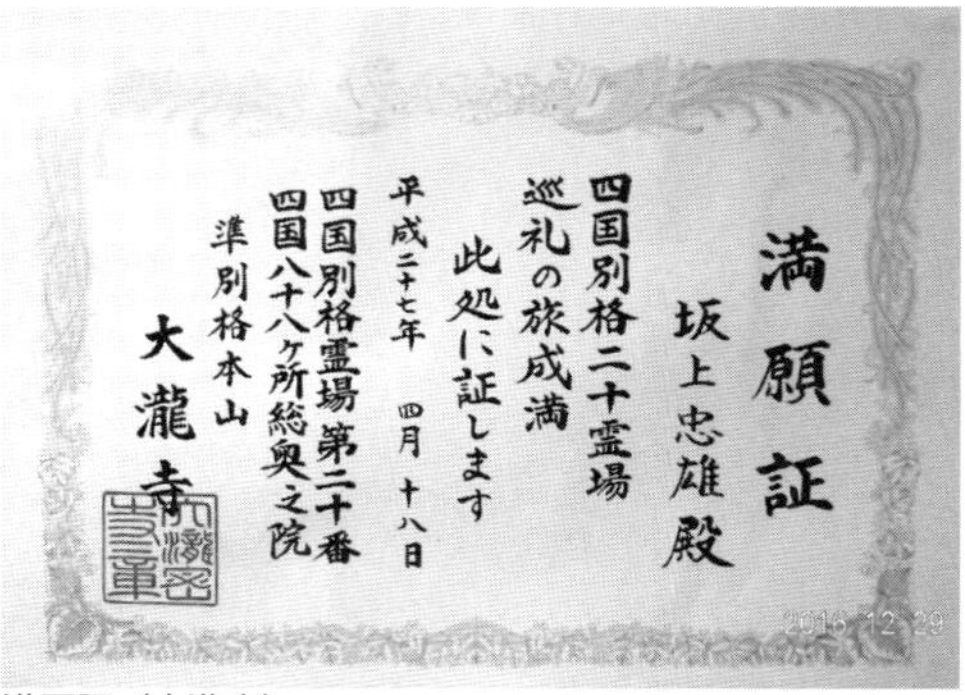

満願証（大瀧寺）

## お遍路50日目「四国八十八ヶ所88番（大窪寺）結願」

■88番大窪寺《おおくぼじ》⇩・宿泊：白鳥温泉（香川県東かがわ市）

おへんろ交流サロンから88番（大窪寺）への道は、大きく分けて3通りあります。右側が昔からの遍路道、中央が車道、左が比較的に新しい遍路道です。右側と中央は、10㎞と距離はありますが緩やかな上りの楽なコースです。左側は距離が7㎞と短いものの険しい遍路道です。昨年は最後の修行の道と思い左側を選択しました。

蛙と鶯のコラボを聞きながら進むと畦道から上りになります。750mの女体山の頂上手前は岩場になっていて、両手で這わなければ登れません。ポール2本をリュックに格納して、壁に打ち込まれた鉄の手すりを支えに、〝六根清浄〟と口に出しながら一歩一歩前進、山登りというよりロッククライミングでした。大量の汗をかいて登りきった山頂から見る讃岐平野の眺めは最高の絶景で、〝これぞ登りがいのある女体山〟と思わず呟きました。

山頂でおにぎりを食べながら、しばし88ヶ所の結願前に女体山の征服の余韻を味わい、後は、７５０ｍの山頂から一気に４５０ｍまで下りて大窪寺の境内に着きました。

今回は、方向が違う西方の別格20番（大瀧寺）を先に結願したので、さぬき温泉から88番（大窪寺）まで18㎞のアップダウンが少ない車道を歩き、11時に到着しました。

山門は二天門と仁王門の二門ありますが、手前の四国霊場最大の仁王門で深々と一礼し、手前の大師堂に、ロウソク・線香をあげて結願のお礼を述べ納経を済ませました。さらに奥に進むと「原爆の火」の後に、数多くの金剛杖が納められている宝杖堂《ほうじょうどう》があります。私は、ノルディックポールのため他人にどうこういう資格はありませんが、長い間「同行二人」で結願し

88番結願寺（大窪寺）の山門

た「杖」を、護摩炊きで供養してもらうのが良いのか、自宅に宝物として持ち帰るのが良いのか、杖の行く末を案ずると切なさを感じます。

今までは、自分の決意を述べてお参りしていましたが、最後の方になると感謝の気持ちをいいながら参拝している自分に気付きました。体力の消耗は大きかったですが、無事に怪我することなく病気にもならずに、四国の温かいお接待や人情に触れながら、充実した日々を送れて、多くの人たちのお蔭で結願できたことを、本堂の前でお礼を申し上げました。合掌。

## 讃岐の国（涅槃の道場）を終えて

最初の頃、遍路宿の女将さんに、

「四国は良いところですよ。その内お客さんも四国病に掛りますよ」

と話されたので、

「四国病ですか……？　どんな風土病ですか？」

と返事しましたら、大笑いされました。

たしかに、お遍路は厳しいものですが、制約が少なく自由でもあります。お接待も心の癒しになります。納札もランクがあり、メダルと一緒で金あるいは錦が欲しくなります。

このように病気になる要素がたくさんあります。歩くのは大変ですが、5回・10回のリピーターの気持ちも理解できるようになりました。

四国お遍路で「結願」しても、スタート札所へのお礼参りと高野山への報告を考えると、道半ばの感が拭えませんので、１００キロウォークの完歩に比べると感動は小さかったですが、その分途中での感動は多くあります。

涅槃の道場とはいったものの、一切の煩悩を絶ち、悟りの境地を得ることは、到底できませんでした。所詮凡人以下で、空海（弘法大師）の足元にも及ばないことは分かりきったことです。

いろいろな疑問点やお遍路の変遷についても興味がありましたが、諸説が多くそれに伝説が加わり現実と錯綜して、鳴門の渦潮みたいにかき回されてまとめようがありません。

スタート前に心配していたメールの継続が、疲れとネタ不足でできないと思っていましたが、皆さんの応援と励ましで最後までできそうです。

犬も歩けば棒に当たると申しますように、１日歩けば非日常的な出来事に必ず出会えるので、ネタについては、困りませんでした。科学が発展しても治癒しない病気、左右どちらも損得がありどちらかに決断しなければならないとき、裕福になると何かを求めたい人間の迷いなど、四国にこなければ体験できない多くのことを学びました。

## お遍路51日目「お礼参り」

■興田寺《よたじ》⇩3番（金泉寺）⇩1番（霊山寺）⇩宿泊：門前宿（大鳥居苑）

88番（大窪寺）で結願して帰省するお遍路が大半で、歩きの人もバスで高松市内へ行く人を多く見受けました。ここから先のお礼参りと高野山への報告は、自由でこだわりだけです。とはいうものの、納経帳および納経掛軸も90の枠があり、行かなければ空欄になります。誰がいつから仕掛けたのか、商魂逞しくどこかで聴きましたが、一番札所は総本山と変わらない収入があるとか。

結願後のお礼参りのルートは、いくつかありますが、私は白鳥温泉泊、大坂峠経由のルートを選びました。白鳥温泉で旅の疲れと疲労蓄積した体を労わりました。翌日は、四国88ヶ所総奥の院と呼称され、また霊感な祈祷寺として全国的に知られている番外霊場の興田寺《よたじ》を参拝し大坂峠を越えて、3番（金泉寺）まできました。

すれ違う人に、

「逆打ちですか、もうすぐ結願ですね、おめでとうございます」

と声をかけられました。１番（霊山寺）に向うので勘違いされている自分に気付き、これが「逆打ち」の気分かと、味わいながら出発寺へ着き、やっとサークルを描くことができました。

今までと同様に、結願のお札と今から行く、高野山への旅の安全を誓い、89番目に墨書きと御朱印をいただきました。納経所で、

「結願とお礼参りお疲れ様でした」

の言葉をいただき、やっと完結の実感が湧いてきました。

門前旅館で出発時に宿泊した旅館大鳥居苑に、

「無事に結願したら再度宿泊します」

と約束していたので、再度お世話になりました。宿泊客は４名で、札幌から公共交通機関を利用して３回目のご夫婦（70才）、東京の男性（50才）で始めての歩きで区切り打ち、共に明日からのスタートで、修行への誓いと意気込みがひしひしと伝わりました。通しで50日間以上掛かった話をするとうらやましそうに、

「結願おめでとうございます、ゆっくりと思うままの旅は良いですね」

といろいろと質問を受けました。大したことではないかも知れませんが、少しは修行の結果がでているのではと感じつつ応対しました。

久し振りの辛口の酒で、宿の主人を相手に少々でき上がりました。

## お遍路52日目「結願ご褒美（たかが贋作　されど贋作）」

■鳴門市⇩・宿泊：ビジネスホテル（大阪市内）

旅立ちの日に、絵心のある友人から電話で、「絵が好きなら近くに美術館があるから是非見学すると良い。贋作だがとにかくびっくりする」と話を聞いていましたので、結願後に体力に余裕があれば、自分へのご褒美に行こうと思っていました。

お遍路の目的のひとつとして、美術館めぐりも入れていましたし、贋作でも世界の名画であればと思い、鳴門大橋のすぐ近くにある「大塚国際美術館」に行きました。

ここからは、宣伝ではありません、ありのままの私の感想です。

美術館の外観は、正面が横１００ｍ程度で８階建てで２階・７階・８階部分が露出して後は山に隠れている環境配慮型の建物です。スケールも大きいですが、入場料もそれなりの３２４０円です。大塚（製薬）グループが75周年記念事業として設立し、世界25カ国

190余の美術館が所蔵する名画1000余点を大塚オーミ陶業㈱の陶板焼付け技術によって、オリジナル作品と同じ大きさに複製したものです。

一般の複製写真は凹凸がありませんが、この陶板は絵の具の凹凸が実物の通りにあり、劣化しないので2000年はそのままの色で掲示できるそうです。また触ってよく、写真もOKです。さらに、絵画を単に壁・天井に飾るのではなく、例えば礼拝堂まで同じ大きさにそっくり建造しているので、現地で鑑賞していると錯覚します。

ボランティアガイドの案内で、9時半から11時半まで主な作品を鑑賞しました。ローマのシスティーナ礼拝堂とミケランジェロの「天地創造」の天井画が同じ大きさで製作されていて、現地にいるかのような雰囲気に圧倒されました。レオナルド・ダ・ヴィンチの「モナリザの微笑」、ドラクロワの「民衆を導く自由の女神」、ゴヤの「裸のマハ」、ゴッホの「ヒマワリ」などなど迫力ある名作がずらりとあります。

昼前に軽食を取り、コーヒーを飲んでいたら、隣席の東京の夫婦（60代後半）が、今日が最後の四国旅行で帰京の予定だったが、もう1泊して、明日再度鑑賞にくるといっていました。たしかに一日では、全部鑑賞できません。

結局、15時過ぎまで鑑賞しました。私は過去に、フランスのルーヴル美術館、スペインのプラド美術館、ローマのヴァチカン美術館などに行ったことがありましたが、そういったあちこちの美術館に行かずとも、教科書や美術書とも違った楽しみもありますし、日本にいながら世界の名画を美術館毎そっくり体験できるのは魅力的です。

さらに中学校のクラブ活動（物理クラブ）の友人３人で、10数年前から「日本のどこかで、故郷を語ろう会」と称して２泊程度の旅行を毎年実施しています。その仲間と平成15年11月にスペインのプラド美術館に再度行く機会があり同じ名画を鑑賞しましたが、違いが判りませんでした。私の目が悪いのか、日本の技術が素晴らしいのか迷いました。まさしく「たかが贋作　されど贋作」です。

しかし疑問がひとつ残りました。空調の効いた部屋で管理しても原画は、１００年・５００年と経てば少しずつ劣化しますが、陶板の作品は劣化しません。果たして１００年後に鑑賞する人は、この現象をどう捉えるのでしょうか……どちらが綺麗で感動するのでしょうか……？　（後10年後にはいない人が心配しなくても良いか）

●ポイント●

・絵心がある人は、結願の褒美にどうぞ（１番札所より、電車・バスで１時間）

## お遍路53日目「空海最後の遍路道」

■九度山《くどやま》⇩真田庵（善名称院《ぜんみょうしょういん》）⇩滋尊院《じそんいん》⇩空海最後の遍路道⇩高野山奥の院⇩金剛峯寺《こんごうぶじ》⇩宿泊：宿坊（無量光院）

大阪市内では、遍路途中とはいえ、さすがに白装束姿はできませんでした。ビジネスホテルに宿泊して、和歌山県九度山駅に朝7時半に到着しました。ここから高野山奥の院まで約27㎞、標高差約８００ｍあり、今度こそさいごの最後の遍路道です。

駅より１㎞程度歩いた右側に、真田庵（善名称院）があります。来年（平成28年）のＮＨＫの大河ドラマに出てくるのを知っていましたので、寄り道して山門を潜ると六文銭の家紋の塀の奥に説明書きがありました。真田昌幸と幸村（信繁）親子が隠棲した屋敷跡でした。思わぬところで先取りして、放映を観るのが楽しみです。

九度山《くどやま》の地名は、女人禁止の高野山に住んでいた空海が、御母公玉依御前に月９回会うために、高野山からここまで通っていたので、九度山と付けられたそうです（諸説あり）。御母公様が一時住んでいた慈尊院をお参りして、横から遍路道に入ります。

高野山の壇上伽藍を基点に、この慈尊院まで180基の町石《ちょういし》（1町≒109m）があります。町石は、五輪卒塔婆《そとば》形の石柱で高さが3m程度です。最初は、基数毎に数字を確認しながら、合掌して上っていましたが、だんだん疲れがでてそれどころではなくなりました。一歩一歩と富有柿畑の中を上りながら、この道が高野山奥の院の弘法大師御廟に続いていると思えば、疲労困憊した体も少しは楽になります。

途中駆け足で上っていく若者に追い抜かれたので、尋ねると、近々山上り大会があるので、練習しているとのことでした。さらに進むと柿農家のひとが、農作業中に軽トラックを利用した無人販売所がありましたので、みかん3個（100円）を購入しました。大きい声でお礼をいいますと、聞こえ

九度山から高野山への町石

たのでしょう、柿の木畑から微かに「ありがとうございました」の声が返ってきました。ちょうどペットボトルのお茶もなくなり良いタイミングで販売していました。

60町（上から60番目）のところにある、小さい質素な「矢立茶屋」で、やきもち2個とカップラーメンで遅い昼食を取りました。

最後の急斜面を上がり遍路道から道路にでると、名にたがわない迫力で大門が出迎えてくれました。これでやっと弘法大師に会えると思うと、ほんとうに本当にどっと疲れがでてきました。しかしまだ奥の院まで3㎞あり、1時間弱掛かります。まだまだ最後ではありません（最後の言葉を何回使用したことか？）。

●ポイント●
・四国の遍路道ではないが、一度は歩いてみたい遍路道
・「最後」の言葉は、ことが成就してから使用すべき

**謎が解けた**

以前慰安旅行で高野山にきたときは、門前町・根本大堂・金剛峯寺の前を何気なく通り

ましたが、今回は一歩一歩踏みしめて奥の院を目指しました。

菅笠に白装束姿のお遍路姿を稀にしか見掛けないのは、四国に行く前に参拝したか、別の日に一般服での参拝か、あるいはここまできていないのか、定かではありません。

今回の課題のひとつである供養塔の確認がしたくて、左右ジグザグに散策しました。日産自動車、ヤクルト、小松製作所、栗本鉄工、池田勇人、このぐらいは理解できます。武田信玄、上杉謙信、島津家、石田三成、明智光秀、伊達政宗、戦国武将がずらり、中の橋を過ぎひんやりとした荘厳な大木の杉並の中をさらに進むと宗派が違う、親鸞聖人、法然上人さらに空海の先輩で天台宗の最澄伝教大師と続きます。極めつけは、織田信長。本能寺で死亡しなければ、高野山も焼き討ちに会っていたかも知れません。空海の意志を弟子たちが継ぎ、くるものは拒まず差別しない懐の大きさで、受け入れた結果でしょう。

奥の院でお参りして、さらに裏側の地下室へ。この奥に弘法大師が入定《にゅうじょう》し、今でも修行されていると思うと、次元の違う別世界を感じました。

納経所で最後の御朱印をお願いすると、四国八十八ヶ所の分は奥の院で貰えましたが、別格二十番の御朱印は、金剛峯寺で貰うようにいわれましたので、理由を聞くと「決まりです」との返事で、納得いく回答は貰えませんでした。単なる業務分担か、金剛峯寺でも不明でした。

ここでの御朱印は、遠いところまできた割には、数人の係がノルマ的な、だるまの片目入れの作業の感じがしました。やはりお遍路の終わりは、サークルが完成したときのお礼参りです。

私は、「お遍路はなぜ１２００年も続いているか」ということをずっと疑問に思っていました。

部分的には諸説あるでしょうが、人（修行）の変化と道（アクセスと環境）の変遷が考えられます。

お遍路は、最初に空海が四国の海・山で修行したのが起源で、その後、僧侶が偉大な尊師の後を追って四国の霊跡で修行をおこなっていました。

江戸時代ごろになり、世の中が若干落ち着いてきたのに伴い、一部の一般民衆も弘法大師にあやかりたくて四国の参拝の旅へ出るようになってきました。

そして各地の領土争い、あるいは、明治維新の神仏分離令から廃仏毀釈、さらに近代の戦争の中でも、一時途切れたときもあったでしょうが、継続しています。

参拝の在り方も、修行から信仰へ、そして現代の供養・自分探し・物見遊山・スタンプラリーなどの多目的な参拝へと変化しています。

一方遍路道は、空海のときはけもの道しかありませんでしたが、江戸時代になり、真念が遍路宿、案内標識（遍路石）およびガイドブックを作成していますので一気に加速したと考えられます。

また隣国（藩）との街道・往還あるいは海産物などの物流の道も整備されて、行き来がしやすくなってきました。

特に戦後のモータリゼーションの発達が団体お遍路人口を一気に増加させています。

さらに戦後の遍路道や宿の整備、案内図や解説書の普及、交通機関の発達で区切り打ちができるようになり、ルールもない寛容な旅の雰囲気で、気楽に参拝できるようになってきましたので、現代版のお遍路へ変遷してきました。

このように当初からすると大きな変遷を経てきていますが、やはり空海（弘法大師）が宗教家としてだけでなく、幅広い知識による活動の結果が信仰の対象として偶像化されかつ肥大化された感は否めませんが、これに加えて

高野山の大門

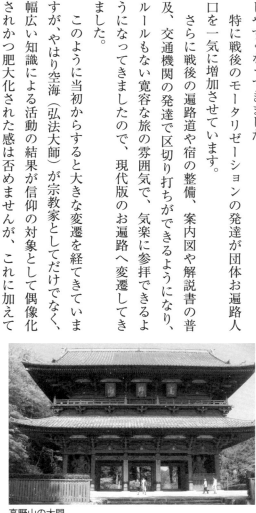

多くの伝説およびお接待文化が後押しして、現在に至っていると思われます。

苦しいときは藁をも掴みたい、また社会が安定すれば何か足りないものを求めたい気持ち、それに信仰心は今でも多くの人を惹きつけているので、現在でも延々と継続している所以であると思われます。

●ポイント●
・お礼参りと高野山への報告は、自由であるが、行くなら早めに
・高野山の御朱印は、八十八カ所霊場が奥の院、別格二十霊場が金剛峯寺

## スイス人の副住職

1番（霊山寺）紹介の高野山無量光院が今夜の総括の宿です。古めかしい山門を入ると右側に石楠花《しゃくなげ》の花が咲き、寺全体はオール木造でかなり古く感じられました。めずらしく畳の部屋で受付を済ませて、僧侶にいろいろと伺いました。寺の開創は11世紀末で、1888年に火事に遭い消失後再建して、現在に至るので100年以上経過しています。奥の院までの20万基におよぶ墓所については、納骨の墓は僅かで大半が供養塔です。もう

少し空きがあり、以前はある程度のお布施で誰でも設置できましたが、場所が少なくなりそれなりの選別もあるみたいです。

宿の部屋は８畳ほどでテレビはなし、炬燵が真ん中にポツンとあり隣とは襖一枚です。夕食は部屋食で、住み込みで修行している高野山大学の学生がお膳ごと、食事を運んできました。食事は完全な精進料理で、廊下のきしむ音を聴きながらひとり静かに済ませました。

風呂に行くときに、１番（霊山寺）で駅と時間を聞いてきたフランス人の美人女性（アラフォー）と再会しました。彼女は９日間の一人旅で日本の主なお寺関係を回り、この後京都へ行く予定でした。片言の日本語でしたが、数少ない外国人の知り合いに３日ぶりにここで会うとは奇遇です。

翌朝６時から勤行のため本堂へ伺うと、昨日のフランス人を含めて40名程度がすべて外国人で、それも半分以上は女性です。圧倒されましたが、ちょっと日本人らしいところを見せようと思い、お堂の中央に正座しました。数人が正座しましたが、あとは足を横に出すか、半分ぐらいが後ろの椅子に腰かけていました。

読経は20分程度で終了し、楽しみな住職のお説教と思ったら、外国人の副住職が日本語と英語で話し始めました。私を、四国88ヶ所を結願して、高野山へ報告にきたと紹介したらしく、拍手が沸きました。最初は2ヶ国語で話していましたが、私の方から結構ですから外国人の方を優先して話してくださいといいました。

7時に終了して、部屋に戻ろうとしたときに、副住職より「今日は、ありがとうございました、時間があれば私の部屋にきてください」と声をかけられたので、奥の8畳間へ行くと、すでにスイス人の女性2名、インド人夫婦の2名が先客としていました。副住職から、菓子付きのお茶とコーヒーをいただきながら、6人で雑談しました。5人は英語が話せますが、私はほとんど駄目で通訳してもらいました。

副住職はこの界隈では有名人で、また観光客も彼を頼ってきている人が多いそうです（ここで、やっと日本人は私1人の意味が理解できました）。スイス国籍で、スイスで経済学、イタリアで絵の勉強、インドで宗教とヨガ、日本で真言宗を学び仏門に入り、日本在住17年目です。日本人と結婚して、子供（女の子）は最近イタリアで結婚したそうです。

朝食も食べず結局8時すぎまで、自国の宗教に対する考え方、スペインのサンティアゴ・デ・コンポステーラの巡礼とお遍路の違いなど、その国の考え方や文化が分かり、良い時間を作ってくださったクルト氏に感謝です。

## お遍路を終えて

四国の山風・海風・人の風に吹かれて、約１４００km・53日間の旅を無事終了することができました。

事故・病気にも遭わずに目的の全部ではありませんが、成就できたのも、現地の多くの人たちの温かいお接待、メル友の応援と叱咤激励、さらに家族の理解と協力によるところが大きく感謝の気持ちで一杯です。お遍路に限らず、何かをやれば、人の支援が大きく影響することを改めて強く感じました。

修行の言葉を何度も使用しましたが、言葉を隠れ蓑にしただけで、成果はさほどありません。「修行」と「修業」の違いも再認識しました。修行は他人に誇示するためにするのではなく、人のやらないことをやったと自分で納得することです。修業には終わりがありますが、修行には終わりはありません。

真言密教・加持祈祷・放下著《ほうげじゃく》・悟りの境地など、他人に話すほどの内容は理解していません。今回の2度のお遍路により、宗派を変えようとか出家しようとは思いません。

しかし、１２００年前の「空海の天才的な能力とパワーで悟りを開き、真言宗を開創し、幅広い知識で現世を生き抜き、死後80年後に「弘法大師」の称号を与えられ、さらに信仰の対象として今でも崇められているので、一人の人間として空海（弘法大師）を好きになりました。また弘法大師が持っている寛容な懐の深さが、今でも引き継がれて誰も拒まない大きな包容力に満ち、さらに喜怒哀楽が詰まった「お遍路道」を何度も歩こうという「四国病」のお遍路仲間の気持ちも理解できるようになりました。

「住職の逆質問に戸惑う」の項で述べましたように、旅立ちの前と結願後では、心の変化は大いにあります。あと永くて十数年程度の人生、避けて通れない終焉のあり方・迎え方のヒントも得ることができました。短期間でしたが、人生の縮図、宗教界の表裏などなど非日常的な生活で得たものは何事にも代え難いです。合掌。

# あとがき

還暦を迎えて健康のため1日に1万歩を目標に始めたウォーキングが、物足りなくなり、100キロウォークへのチャレンジに繋がりました。

完歩はなにごとにも代え難い大きな感動を味わえます。昼12時にスタートして18時までは明るくかつ体力もあるので、知人や全国から参加している前後のウォーカーと話をしながら楽しく歩けます。しかし、問題はそこから朝までの12時間で、ほぼ一人で暗闇を歩かなければならないのでこれがまた大変です。

街道・往還《おうかん》・塩の道・砂糖の道・熊野古道・四国お遍路など全国にはいろいろな「道」があります。その中で歩道が比較的整備され、宿も適当な間隔で数多くあり、また同じ方向に参拝者が歩いているので、いろいろな情報交換もできる四国お遍路の道を選びました。

「歩き」に興味の薄い人からウォーキングは健康に良いが、100キロウォークは健康に良くないのでは、またいまどき歩いての旅、それも1か月半も掛けて千数百㎞も歩くのは、今のスピードの時代に逆行するではないかと質問されます。

そのときの返事は、富士山に何回も登る人、フルマラソンを梯子する人、買った方が安い野菜を育てている人も同じで、「お金で買えない感動と小さな夢の実現へのこだわりです」と答えています。なお、最後に本の校正がカラー刷りでできたとき、愚作ながら「完歩」あるいは「結願」に匹敵する喜びと感動を再度味わうことができました。


また、現代の医学で説明できないことにも遭遇しました。原稿を書き始めた平成28年6月に、胸か胃あたりに胸騒ぎ程度のちくりと軽い痛みを感じましたが、その日に治まりました。たまたま翌日が月1回の主治医面談の日で、昨日の件が気になり話して、心電図と胃カメラで検査してもらいましたが異常なしでした。次に実施した腹部エコー検査で破裂寸前の腹部大動脈瘤が偶然に見つかり、さらに総合病院で精密検査をしましたが、大動脈瘤以外は異常なしでした（腹部大動脈瘤は、幸いに手術で完治しました）。

大動脈瘤は、痛みが無く本人も気付かないのが特徴で、別の検診で見つかることが多く、でなかったら破裂して命を落とすこともあると聞いて慄然としました。

医師の適切な診断方法は理解できますが、はたして何の痛みだったのかいまだに不明です。青天の霹靂《へきれき》で、これを虫の知らせというのか、勝手ながら功徳に対する慈悲ではとも内心思っています。

今回の出版に当たり、お遍路は修行するために行くのだから楽になる本は不要であり、自ら苦労してほしいという気持ちもありました。しかし、私もそうでしたが、１００キロウォーク仲間の練習会で初心者と40㎞程度を一緒に何度か歩き、ノウハウを伝授して楽に完歩できるように支援していますので、お遍路も同じだとの思いもあり、また53日間のメールを読んだ知人の後押しもあって、意を決意して出版の運びとなりました。

原稿作成後に紙面の都合で、２割程度カットしました。伝えたい全部が掲載できなかったことと活字として掲載できない十善戒に反する話などもたくさんあります。機会があれば個別に話したいと思います。

私が紹介したのは、何百通りもあるお遍路方法の一部です。誰が行かれても私と同じ場所で同じ出会いと感動はないと思います。人それぞれ感動の受け取り方も千差万別ですので、街並み散策や美術館巡りなどを勧める気は毛頭ありません。

これを参考にされて自分に合った、時間・体力・おカネ・家庭環境それに信仰心と修行を組み合わせて、楽に楽しく「心の歩禅」をしながらの旅がまさしく現代版お遍路のススメです。

最後に梓書院の前田司氏には、文才もない始めての出版にあたり、起稿時から辛抱強く微細にわたりご教示いただき感謝申し上げます。また畏友の津曲公二君には、執筆および講演活動で多忙な中を参考意見と寄稿文をいただき衷心よりお礼申し上げます。

平成29年3月　坂上忠雄

# 発刊によせて　―学び続ける人のお遍路さん

株式会社ロゴ 代表取締役社長　**津曲公二**

筆者の坂上忠雄君とは中学校時代の物理クラブ三人組で楽しい時間をすごしました。

坂上君は、つねに学び続ける人です。

彼はどこでも人にものをたずねています。「わからないことは何でも質問してください」という人がいますが、よく学んでいないと質問できません。彼の質問がぴったりだったから、会話がはずんだのでしょう。

人にものをたずねるのは、まず好奇心です。好奇心のもとは研究心と観察眼です。

初夢の枕元に弘法大師があらわれてお告げがあった、という坂上君は人なみの好奇心でないことはたしかです。「職業遍路」という造語を紹介しています。お遍路でメシを食っている人のことです。たまたまそれらしい人を見つけて会話しています。二人の様子を見ていたバスツアーの団体さんたちには、二人は物もらいとしか見えなかっただろうと書いています。

いつも質問する彼が、思わぬタイミングで逆に質問をうけたことがありました。結願に近づいたころある住職から、「ここまで苦労も多かったと思いますが、何か得られましたか?」。彼の回答をかんがえるまえに次のようなことがヒントになりました。

・お遍路は歩いて1ヵ月半とはいえ、毎日風呂に入り、必要な食事もとり、暖かいふとんで休める行動は、果たして修行といえるのか
・100キロウォークは、他との競争ではなく自分の限界へのチャレンジ
・自分探しの答えは遍路道におちているものではない、無理してさがすこともない
・通しの歩きお遍路は最高のぜいたく。時間、体力、おカネ、家庭の環境、家

族の理解などがなければできることではない

お遍路はわが国のものの考え方を反映したひとつの「道」を感じます。茶道や柔道などでは必ず考え方と作法がセットになっています。この本を読むと、お遍路もこれらと同じ「道」を感じました。スペインのサンティアゴ巡礼をほんの少しだけ体験したことがあります。比較すれば、ここの作法はうんとゆるやかで「道」は感じませんでした。

スペインガリシア州のサンティアゴ・デ・コンポステーラにある大聖堂をめざす巡礼路はイベリア半島で約800キロの道のりです。私は10年ほど前に、フランス国境に近い巡礼事務所で巡礼手帳をもとめました。手数料は3ユーロ程度(約400円)でした。巡礼路にある教会、巡礼事務所、観光案内所、宿泊施設などでこの手帳に日付入りのスタンプが無料でもらえます。徒歩なら100キロ以上、自転車なら200キロ以上が証明できれば巡礼証明書がもらえます。わが国のお遍路にくらべれば、ずいぶんすっきりしています。

巡礼者のいでたちはホタテ貝をシンボルとしてぶら下げていますが、それ以外はとくに変った点はありません。ホタテ貝がなければ普通のハイキングと変りません。自転車での巡礼も見かけました。

わが国もスペインも、巡礼が始まったころは長い道のりを歩く旅そのものが生死をかけた人生の大事業だったはずです。当時とくらべれば交通機関が格段に進化しました。巡礼のやり方も大きく変りました。同時に目的も変化しています。例えば、巡礼路のあるガリシア州政府は信仰の面だけでなく観光の目玉としても期待しています。巡礼路にかぎらず、文化遺産の保護にはそれなりのおカネがかかります。筆者も書かれているとおり、商業主義が入りこむのは避けられません。

巡礼の目的は各人さまざまで、他人とくらべることはできないと筆者はくり返し述べています。納札が盗まれるとか、掛け軸が売買されるのはお遍路を骨董品と同じ感覚であつかっていることになります。弘法大師の意図とはまったく異なりますが、これらも含めてのお遍路さんの体験を筆者は率直に書きすすめています。お遍路とは何なのか、自分なりの答えが見えてきたのでしょう。そんな感じがしました。

この本は、お遍路の実践的な情報がていねいに書きこまれています。お遍路がこれからの方はもちろん、経験者の方にもおすすめします。筆者は残された時間はながくて10数年と書いています。これほどのお遍路体験のあとの時間は、これまでとは違った時間になるのではないでしょうか。経験者の方にも読んでいただきたいと思っています。

**津曲　公二**（つまがり　こうじ）

筆者坂上忠雄君と中学校同期生。東京大学工学部卒業後、日産自動車に26年間勤務。同社退社後、マネジメント研修の株式会社ロゴを２００３年に設立、現在に至る。同社代表取締役社長、２０１２年から東京都市大学で非常勤講師を務める。著書は、『仕事は半分の時間で終わる』『人生に役立つ『坂の上の雲』名言集』『坂の上の雲』に学ぶ勝てるマネジメント』『図解　これならできるクリティカルチェーン』など。月刊誌などへの投稿多数。

《参考資料》


『空海の風景』司馬遼太郎（中公文庫・１９７５）
『下山の思想』五木寛之（幻冬舎・２０１１）
『老いてこそ人生』石原慎太郎（幻冬舎・２００２）
『最澄と空海』梅原猛（小学館・２００９）
『池上彰と考える、仏教ってなんですか』池上彰（飛鳥新社・２０１２）
『四国へんろひとり旅』菅卓二（論創社・２０１１）
『感動の四国遍路』大坪忠義（海鳥社・２００４）
『四国お遍路バイブル』横山良一（集英社・２００６）
『お遍路入門』加賀山耕一（筑摩書房・２００３）
『四国遍路とはなにか』頼富本宏（角川学芸出版・２００９）
『四国別格二十霊場ガイド』春野草結（朱鷺書房・２００８）
『密教の呪術』池口惠観（ＫＫロングセラーズ・２０１３）
『四国遍路ひとり歩き同行二人・地図編・解説編』宮崎建樹（へんろみち保存協力会・２０１０）

## 四国八十八カ所霊場（札所）および別格二十霊場（札所）図

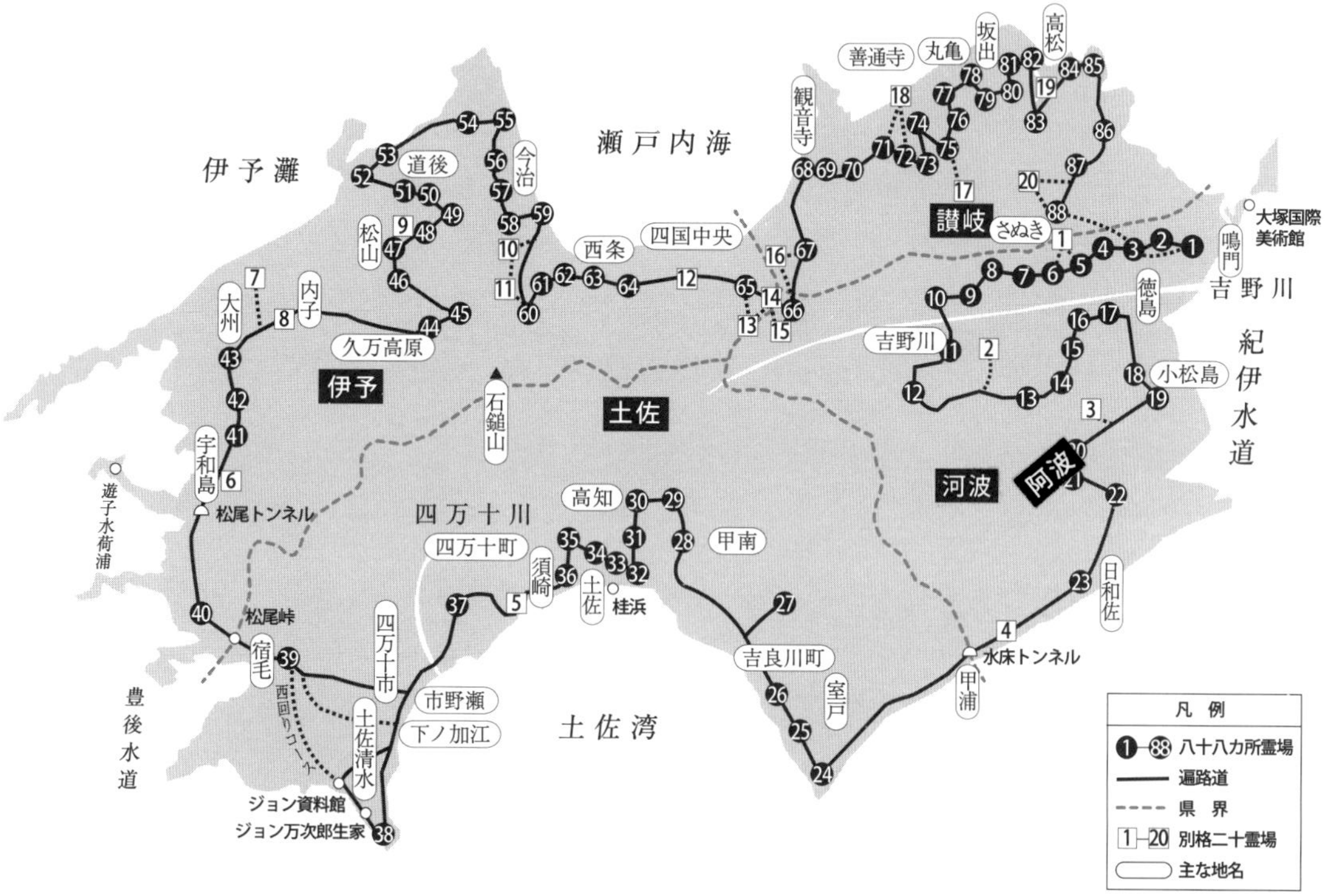

**【著者】**

**坂上 忠雄**（さかうえ ただお）

1947 年鹿児島県志布志市生まれ。1970 年東海大学工学部（電気工学科）卒、同年株式会社九電工入社。2004 年誠新産業株式会社入社。2013 年同退職。福岡県糟屋郡新宮町在住。

一般社団法人全日本ノルディック・ウォーク連盟会員
（ノルディック・ウォークインストラクター）

新宮町歴史と自然保護の会会員

お遍路《へんろ》は心《こころ》の歩禅《ほぜん》 現代版《げんだいばん》お遍路《へんろ》のススメ

平成 29 年 5 月 1 日発行

著　者　坂上　忠雄
発行者　田村　志朗
発行所　㈱梓書院
〒 812-0044 福岡市博多区千代 3-2-1
tel 092-643-7075　fax 092-643-7095

印刷 / 青雲印刷　製本 / 岡本紙工

ISBN 978-4-87035-603-0